Beate Strecker

40 Low-Carb-Kuchen aus 1 Teig

Inhalt

Mein Wunderteig

Liebe Leserinnen und Leser,

als überzeugte „Low-Carblerin“ hatte ich ein ganz bestimmtes Ziel vor Augen: einen Allround-Kuchenteig zu entwickeln, der einfach in der Zubereitung ist, gut schmeckt und sich möglichst vielfältig variieren lässt.
Das war eine echte Herausforderung und es hat eine Weile gedauert, bis meine Backexperimente von Erfolg gekrönt waren und mir dieser eine Teig gelang. Aber nun ist es vollbracht, Sie halten das gelungene Ergebnis meiner Backversuche und meine neu entwickelten Rezepte in Händen. Ich freue mich riesig, denn dieses Buch ist mir ein sehr großes Anliegen und spiegelt meinen Leitsatz „Warum umständlich, wenn es auch einfach geht“ perfekt wider.

Wenn Sie genauso denken, dann wird Ihnen dieses Buch sicher viel Freude bereiten. Auf den folgenden Seiten finden Sie einen Universal-Kuchenteig, auf dem 40 verschiedene Kuchen- und Tortenrezepte basieren. Vom klassischen Pflaumenkuchen mit Streuseln über einen schnellen Zitronenkuchen bis hin zu Cake-Pops und köstlichen Tiramisuschnitten können Sie aus diesem Wunderteig fast alles machen. Und – es grenzt schon fast an Hexerei – mithilfe eines Baukastenprinzips lassen sich weitere 84 Kuchenvariationen zaubern.
Als gebürtige Schwäbin habe ich selbstverständlich auch darauf geachtet, möglichst wenige teure Low-Carb-Zutaten zum Einsatz kommen, um den Geldbeutel zu schonen. Fast alles, was Sie zum Backen brauchen, ist im Supermarkt erhältlich und es bleiben keine unnötigen Reste, die sich im Küchenschrank sammeln und nie mehr Verwendung finden.

Viel Spaß im Low-Carb-Kuchenparadies und beim Nachbacken wünscht Ihnen

Der Grundteig

Wer will guten Kuchen backen, der muss haben sieben Sachen ... Glauben Sie diesem Kinderlied kein Wort. Mein Low-Carb-Wunderteig ist superlecker, ganz fix und einfach gemacht und dazu braucht es gerade mal sechs Zutaten (siehe rechts) für eine ganz geniale Kuchenvielfalt! Diese sind in den Zutatenlisten der Rezepte rot markiert, damit Sie alles, was Sie sonst noch brauchen, auf einen Blick sehen.

Die Zutaten

90 g Xylit (1)
ersetzt den sonst üblichen Haushaltszucker

1 Päckchen Backpulver (2)
verleiht dem Kuchen den nötigen Auftrieb

4 Eier (Gr. L) (3)
sorgen im Teig für die gelbe Farbe, die Bindung und der Eischnee macht den Teig schön luftig

5 g Johannisbrotkernmehl (4)
ersetzen die Bindekraft von 200 g Mehl

125 g Sahne (5)
werden benötigt, um dem Kuchen die nötige Konsistenz zu verleihen

80 g helles Mandelmehl (teilentölt) (6)
gibt dem Teig in Kombination mit den anderen Zutaten die nötige Substanz

So geht's

1

Den Boden einer Springform (26 oder 28 cm Ø) mit Backpapier bespannen. Den Backofen auf 175° (Umluft) vorheizen. 4 Eier (Gr. L) trennen, die Eiweiße zu steifem Schnee schlagen und beiseitestellen.

2

125 g Sahne mit 90 g Xylit und den Eigelben in einer Schüssel so lange verrühren, bis sich das Xylit aufgelöst hat. 5 g Johannisbrotkernmehl und 1 Päckchen Backpulver darübersieben und mit 80 g hellem Mandelmehl (teilentölt) kurz unterrühren.

3

Dann den Eischnee vorsichtig mit dem Schneebesen unterheben. Den Teig in die vorbereitete Springform geben und glatt streichen. Je nach Größe der Backform 35 bis 40 Minuten backen. Nach 15 Minuten den Kuchen mit Alufolie abdecken, damit er nicht zu dunkel wird.

4

Den Kuchen herausnehmen und in der Form abkühlen lassen. Den Springformrand lösen und den Kuchen auf ein Kuchengitter stürzen. Den Backformboden abnehmen, das Backpapier abziehen und den Kuchen auf eine Kuchenplatte stürzen.

Eventuell variiert die Backzeit bei Ihnen ein bisschen. Am besten machen Sie die Stäbchenprobe, dann haben Sie die optimale Backzeit für Ihren Backofen sicher ganz schnell raus.

Voilà! Papier entfernen, fertig ist das Wunderstück!

So wird's Low Carb

Ohne diese besonderen Ingredienzien geht in der Low-Carb-Bäckerei gar nichts, und mein Wunderteig funktioniert nur mit diesen Backzutaten. Aber keine Angst, Mandelmehl, Xylit und Kokosmehl bekommen Sie in gut sortierten Supermärkten, das Johannisbrotkernmehl im Reformhaus oder im Bioladen.

Statt des normalen Mehls verwende ich **helles, teilentöltes Mandelmehl,** das nicht zu verwechseln ist mit gemahlenen oder geriebenen Mandeln! Mandelmehl wird aus dem Presskuchen hergestellt, der bei der Herstellung von Mandelöl übrig bleibt. Der Presskuchen wird getrocknet und zu ganz feinem Mehl vermahlen. Bei hellem Mandelmehl kommen bei der Ölgewinnung blanchierte Mandeln zum Einsatz, während bei dunklem Mandelmehl Mandeln mit der Haut gepresst werden. Ich bevorzuge das helle Mandelmehl, denn damit bleiben die Kuchen schön hell. Dass Mandelmehl nicht gerade billig ist, habe ich bei der Rezeptentwicklung ganz bewusst berücksichtigt. Benötigt man für einen herkömmlichen Kuchen 250 Gramm Weizenmehl, kommen meine Low-Carb-Kuchen mit lediglich 80 Gramm Mandelmehl aus.

Das **Kokosmehl** wird ganz ähnlich wie das Mandelmehl hergestellt, nämlich aus dem Presskuchen, welcher bei der Kokosölgewinnung anfällt. Hiervon benötigt man übrigens noch weniger als vom Mandelmehl, nämlich maximal 25 Gramm pro Kuchen.

Gut für die Zähne!

Zucker? Nein danke. Ich verwende **Xylit!** Sieht aus wie Zucker, schmeckt wie Zucker, ist aber trotzdem kein Zucker. Meine ursprüngliche Skepsis war schnell dahin, die Vorteile des Zuckeralkohols – keine anrechenbaren Kohlenhydrate, wirkt zahnpflegend – überzeugten mich. Im Handel gibt es verschiedene Qualitäten, die Premiumqualität wird meist aus Holz hergestellt. Daher auch der Name Birkenzucker, obwohl heute überwiegend Buchenholz für die Gewinnung verwendet wird. Hundebesitzer aufgepasst: Xylit kann für Hunde tödlich sein! Möchten Sie auf Nummer sicher gehen, verwenden Sie alternativ einfach Erythrit.

Aus den Samen des Johannisbrotkernbaums wird das **Johannisbrotkernmehl** gewonnen. Da für den Teig kein Getreidemehl verwendet wird, und Mandelmehl nicht bindet, stellt Johannisbrotkernmehl eine super Alternative dar. Schon 5 Gramm reichen aus für einen kompletten Kuchen! Gut zu wissen: Johannisbrotkernmehl zählt zu den Ballaststoffen und kann vom menschlichen Körper nicht verstoffwechselt werden.

Kleine Menge, große Wirkung

Omas Klassiker
sind wie Kindheitserinnerungen

... und liegen mir ganz besonders am Herzen. Probieren Sie einmal den Johannisbeerkuchen, den Quarkkuchen oder den Pflaumenkuchen mit Streuseln und Sie werden mit Erstaunen feststellen, dass es genau wie damals schmeckt. Und das, obwohl die Kuchen viel weniger Kohlenhydrate enthalten. Auf diverse Kuchenbüfetts „geschmuggelt“, waren meine Kuchen immer im Handumdrehen aufgefuttert – gibt es einen besseren Beweis dafür, dass man mit Low Carb auf nichts verzichten muss?

Bitte noch ein Stück!

Apfel-Streusel-Kuchen
mit Mandeln

Für eine quadratische Springform (24 x 24 cm; alternativ rund, 28 cm Ø)
Ergibt 12 Stücke

Für den Teig:
2 kleine Äpfel (225 g)
1 EL Zitronensaft
4 Eier (Gr. L)
125 g Sahne
100 g trockener Speisequark (20 % Fett; siehe S. 20)
90 g Xylit
15 g Backkakao
5 g Johannisbrotkernmehl
1 Päckchen Backpulver
80 g helles Mandelmehl (teilentölt)
125 g gemahlene Mandeln

Für die Streusel:
80 g zimmerwarme Butter
30 g blanchierte, gehackte Mandeln
55 g helles Mandelmehl (teilentölt)
40 g Xylit

Pro Stück ca. 288 kcal, 13 g EW, 20 g F, 6 g KH, 11 g Xylit

1 Den Backofen auf 175 °C Umluft vorheizen und den Boden der Springform mit Backpapier bespannen. Für den Teig die Äpfel waschen, vierteln, schälen, entkernen und in Spalten schneiden. Die Apfelspalten mit dem Zitronensaft beträufeln und beiseitestellen.

2 Die Eier trennen, die Eiweiße zu steifem Schnee schlagen und ebenfalls beiseitestellen. Die Eigelbe mit der Sahne, dem Quark und dem Xylit so lange verrühren, bis sich das Xylit aufgelöst hat. Dann den Kakao kurz unterrühren. Das Johannisbrotkernmehl und das Backpulver darübersieben und mit dem Mandelmehl unterrühren. Dann die gemahlenen Mandeln dazugeben und alles verrühren.

3 Den Eischnee vorsichtig unterheben, den Teig in die vorbereitete Springform geben und glatt streichen. Die Apfelspalten in Reihen daraufsetzen und etwas in den Teig drücken.

4 Alle Zutaten für die Streusel kurz verkneten und den kompakten Teig wie Streusel auf dem Kuchen verteilen. Den Kuchen im Ofen auf der mittleren Schiene etwa 50 Minuten backen. Nach 15 Minuten den Kuchen mit Alufolie abdecken, damit er nicht zu dunkel wird.

5 Den Kuchen herausnehmen und in der Form abkühlen lassen. Den Springformrand lösen und den Kuchen auf ein Kuchengitter stürzen. (Keine Angst, die Streusel lösen sich dabei nicht ab.) Den Backformboden abnehmen, das Backpapier abziehen und den Kuchen auf eine Kuchenplatte stürzen.

Geraspelter Apfelkuchen
mit Nussguss

1 Den Backofen auf 175 °C Umluft vorheizen und den Boden der Springform mit Backpapier bespannen. Für den Teig den Apfel waschen, schälen, vierteln, entkernen und grob raspeln. Die Eier trennen und 4 Eiweiße zu steifem Schnee schlagen.

2 Alle 6 Eigelbe mit der Sahne, dem Xylit und dem Zimt so lange verrühren, bis sich das Xylit aufgelöst hat. Das Johannisbrotkernmehl und das Backpulver darübersieben und mit dem Mandel- und dem Kokosmehl kurz unterrühren. Dann die gehackten Mandeln kurz untermischen.

3 Den geraspelten Apfel mit dem Eischnee vorsichtig unterheben, den Teig in die vorbereitete Springform geben und etwas glatt streichen. Den Kuchen im Ofen auf der mittleren Schiene 15 Minuten vorbacken.

4 Inzwischen für den Guss die beiden Eiweiße kurz aufschlagen (nicht steif schlagen) und das Xylit unterrühren, bis es sich aufgelöst hat. Die gemahlenen Haselnüsse dazugeben und kurz unterrühren. Den Guss mit einem Esslöffel portionsweise auf dem vorgebackenen Kuchen verteilen und vorsichtig glatt streichen. Den Kuchen mit Alufolie abdecken und 45 Minuten fertig backen.

5 Den Kuchen herausnehmen und in der Form abkühlen lassen. Den Springformrand lösen und den Kuchen auf eine Kuchenplatte umsetzen. Diesen Kuchen nicht stürzen, sonst wird der Guss zerstört.

Für eine runde Springform (26 cm Ø)
Ergibt 12 Stücke

Für den Teig:
1 Apfel (ca. 175 g)
4 Eier (Gr. L) + 2 Eigelb (Gr. L)
125 g Sahne
90 g Xylit
1 gestrichener TL Zimtpulver
5 g Johannisbrotkernmehl
1 Päckchen Backpulver
80 g helles Mandelmehl (teilentölt)
15 g Kokosmehl (teilentölt)
30 g blanchierte, gehackte Mandeln

Für den Guss:
2 Eiweiß (Gr. L)
40 g Xylit
50 g gemahlene Haselnüsse

Pro Stück ca. 188 kcal, 9 g EW, 11 g F, 5 g KH, 11 g Xylit

Was für ein beeriges Vergnügen!

Heidelbeerkuchen

Black and White

Für eine runde Springform (26 cm Ø)
Ergibt 12 Stücke

125 g frische Heidelbeeren
4 Eier (Gr. L)
125 g Sahne
50 ml Milch (3,5 % Fett)
90 g Xylit
5 g Johannisbrotkernmehl
1 Päckchen Backpulver
80 g helles Mandelmehl (teilentölt)
125 g blanchierte, gemahlene Mandeln
20 g Backkakao
1 Msp. Zimtpulver
25 g blanchierte, gehackte Mandeln

Pro Stück ca. 200 kcal, 10 g EW, 13 g F, 4 g KH, 7 g Xylit

1 Die Heidelbeeren waschen und vorsichtig trocken tupfen. Den Backofen auf 175 °C Umluft vorheizen und den Boden der Springform mit Backpapier bespannen. Die Eier trennen und die Eiweiße zu steifem Schnee schlagen.

2 Die Eigelbe, die Sahne, die Milch und das Xylit so lange verrühren, bis sich das Xylit aufgelöst hat. Das Johannisbrotkernmehl mit dem Backpulver darübersieben und mit dem Mandelmehl kurz unterrühren. Die gemahlenen Mandeln dazugeben und ebenfalls kurz unterrühren.

3 Den Teig halbieren und unter die eine Hälfte den Backkakao, unter die andere Hälfte des Teiges das Zimtpulver rühren. Dann jeweils die Hälfte des Eischnees unter die beiden Teige heben.

4 Den dunklen Teig in die vorbereitete Springform geben und glatt streichen. Den hellen Teig löffelweise gleichmäßig darauf verteilen und vorsichtig glatt streichen. Die vorbereiteten Heidelbeeren auf dem Kuchen verteilen und etwas in den Teig drücken. Zum Schluss die gehackten Mandeln darüberstreuen. Den Kuchen im Ofen auf der mittleren Schiene etwa 50 Minuten backen. Nach etwa 15 Minuten den Kuchen mit Alufolie abdecken, damit er nicht zu dunkel wird.

5 Den Kuchen herausnehmen und in der Form abkühlen lassen. Den Springformrand lösen und den Kuchen auf ein Kuchengitter stürzen. Den Backformboden abnehmen, das Backpapier abziehen und den Kuchen auf eine Kuchenplatte stürzen.

Johannisbeerkuchen
mit Nussbröseln

Für eine quadratische Springform
(24 x 24 cm; alternativ rund, 28 cm Ø)
Ergibt 12 Stücke

Für den Teig:
175 g Rote Johannisbeeren
4 Eier (Gr. L)
125 g Sahne
150 g Naturjoghurt (3,5 % Fett)
90 g Xylit
5 g Johannisbrotkernmehl
1 Päckchen Backpulver
80 g helles Mandelmehl (teilentölt)
125 g gemahlene Haselnüsse

Für die Brösel:
60 g gemahlene Haselnüsse
40 g helles Mandelmehl (teilentölt)
1 TL Zimtpulver
40 g Xylit
75 g zimmerwarme Butter

Pro Stück ca. 293 kcal, 11 g EW,
22 g F, 5 g KH, 11 g Xylit

1 Für den Teig die Johannisbeeren waschen, von den Rispen zupfen, trocken tupfen und beiseitestellen. Den Backofen auf 175 °C Umluft vorheizen und den Boden der Backform mit Backpapier bespannen. Die Eier trennen und die Eiweiße zu steifem Schnee schlagen.

2 Die Eigelbe mit der Sahne, dem Joghurt und dem Xylit so lange verrühren, bis sich das Xylit aufgelöst hat. Das Johannisbrotkernmehl und das Backpulver darübersieben und mit dem Mandelmehl unterrühren. Dann die gemahlenen Haselnüsse kurz untermischen. Den Eischnee vorsichtig unterheben, den Teig in die vorbereitete Springform geben und glatt streichen. Die Johannisbeeren darauf verteilen und leicht andrücken.

3 Für die Brösel die gemahlenen Haselnüsse, das Mandelmehl, das Zimtpulver und das Xylit in einer Schüssel mischen. Dann die Butter in Flöckchen dazugeben und alles kurz verkneten und über den Kuchen bröseln. Den Kuchen im Ofen auf der mittleren Schiene etwa 1 Stunde backen. Nach 15 Minuten den Kuchen mit Alufolie abdecken, damit er nicht zu dunkel wird.

4 Den Kuchen herausnehmen und in der Form abkühlen lassen. Den Springformrand lösen und den Kuchen auf ein Kuchengitter stürzen. Den Backformboden abnehmen, das Backpapier abziehen und den Kuchen auf eine Kuchenplatte stürzen.

Tipp: Wenn man keine Johannisbeeren bekommt, kann man stattdessen auch leicht angetaute Tiefkühl-Heidelbeeren verwenden.

Quark ist nicht gleich Quark: Bei der Rezeptentwicklung musste ich immer wieder erfahren, dass es je nach Hersteller große Unterschiede beim Quark gibt. Viele Quarksorten sind einfach zu „nass“, selbst abtropfen lassen hilft nicht wirklich. Wird der Quark mit einer Flüssigkeit verrührt, nur so viel davon nehmen, dass eine cremige Masse entsteht.

Käsekuchen

mit Mohn und Zitrone

Einfach raffiniert kombiniert

1 Den Backofen auf 175 °C Umluft vorheizen und den Boden der Springform mit Backpapier bespannen. Für den Teig die Eier trennen, die Eiweiße zu steifem Schnee schlagen und beiseitestellen.

2 Die Eigelbe, die Sahne und das Xylit so lange verrühren, bis sich das Xylit aufgelöst hat. Das Johannisbrotkernmehl und das Backpulver darübersieben und mit dem Mandelmehl kurz unterrühren. Die gemahlenen Mandeln dazugeben und kurz untermischen. Den Eischnee vorsichtig unterheben, den Teig in die vorbereitete Springform geben und glatt streichen. Den Kuchen im Ofen auf der mittleren Schiene 10 Minuten vorbacken.

3 Für die Quarkmasse Quark, Ei, Milch, Zitronenaroma und Zitronenschale mit dem Schneebesen verrühren. Das Xylit dazugeben und so lange weiterrühren, bis sich das Xylit aufgelöst hat. Dann den gemahlenen Mohn unterrühren. Zum Schluss das Johannisbrotkernmehl darübersieben und kurz unterrühren. Die Quarkmasse mit einem Esslöffel portionsweise auf dem vorgebackenen, noch flüssigen Teig verteilen, den Rand dabei frei lassen und die Masse grob verstreichen. Den Kuchen weitere 5 Minuten backen, dann mit Alufolie abdecken, damit er nicht zu dunkel wird, und weitere 40 Minuten fertig backen.

4 Den Kuchen herausnehmen und in der Form abkühlen lassen. Den Springformrand lösen und den Kuchen auf ein Kuchengitter stürzen. Den Backformboden abnehmen, das Backpapier abziehen und den Kuchen auf eine Kuchenplatte stürzen. Den Kuchen nach Belieben vor dem Servieren mit Xylit-Puderzucker bestäuben.

Für eine runde Springform (26 cm Ø)
Ergibt 12 Stücke

Für den Teig:
4 Eier (Gr. L)
125 g Sahne
90 g Xylit
5 g Johannisbrotkernmehl
1 Päckchen Backpulver
80 g helles Mandelmehl (teilentölt)
25 g blanchierte, gemahlene Mandeln

Für die Quarkmasse:
500 g trockener Speisequark (20 % Fett; siehe Kasten links)
1 Ei (Gr. L)
4 EL Milch (3,5 % Fett)
1 Röhrchen Zitronenaroma
abgeriebene Bio-Zitronenschale nach Geschmack
55 g Xylit
60 g gemahlener Mohn (Dampfmohn)
5 g Johannisbrotkernmehl

Pro Stück ca. 208 kcal, 13 g EW, 12 g F, 4 g KH, 12 g Xylit

Schmandkuchen
mit Mandarinen

Für eine runde Springform (26 cm Ø)
Ergibt 12 Stücke

Für den Teig:
125 g Mandarinen aus der Dose (ungezuckert)
4 Eier (Gr. L)
125 g Sahne
75 g Schmand
90 g Xylit
5 g Johannisbrotkernmehl
1 Päckchen Backpulver
80 g helles Mandelmehl (teilentölt)
125 g blanchierte, gemahlene Mandeln

Für den Guss:
325 g Schmand
1 Ei (Gr. L)
40 g Xylit
10 g Johannisbrotkernmehl

Pro Stück ca. 278 kcal, 11 g EW, 20 g F, 6 g KH, 11 g Xylit

1 Für den Teig die Mandarinen etwas kleiner schneiden und in einem Sieb sehr gut abtropfen lassen. Den Backofen auf 175 °C Umluft vorheizen und den Boden der Springform mit Backpapier bespannen. Die Eier trennen und die Eiweiße zu steifem Schnee schlagen.

2 Die Eigelbe, die Sahne, den Schmand und das Xylit so lange verrühren, bis sich das Xylit aufgelöst hat. Das Johannisbrotkernmehl und das Backpulver darübersieben und mit dem Mandelmehl kurz unterrühren. Die gemahlenen Mandeln dazugeben und untermischen.

3 Den Eischnee vorsichtig unterheben, den Teig in die vorbereitete Springform geben und glatt streichen. Die abgetropften Mandarinen gleichmäßig darauf verteilen.

4 Für den Guss den Schmand mit dem Ei und dem Xylit mit dem Schneebesen glatt rühren. Das Johannisbrotkernmehl darübersieben und unterrühren. Den Guss mit einem Esslöffel gleichmäßig über den Mandarinen verteilen und vorsichtig bis an den Rand hinaus streichen.

5 Den Kuchen im Ofen auf der mittleren Schiene etwa 1 Stunde backen. Nach 15 Minuten den Kuchen mit Alufolie abdecken, damit er nicht zu dunkel wird.

6 Den Kuchen herausnehmen und in der Form abkühlen lassen. Den Springformrand lösen und den Kuchen auf ein Kuchengitter stürzen. Den Backformboden abnehmen, das Backpapier abziehen und den Kuchen auf eine Kuchenplatte stürzen.

Schön weihnachtlich mit Biss

Nussknacker

mit Lebkuchengewürz

Für eine quadratische Springform (24 x 24 cm; alternativ rund, 28 cm Ø)
Ergibt 12 Stücke

30 g Sultaninen
3 EL Rum
50 g Haselnusskerne
50 g Mandelkerne
4 Eier (Gr. L)
90 g Xylit
125 g Sahne
3 EL Milch (3,5 % Fett)
einige Tropfen Rumaroma
1 Msp. Lebkuchengewürz
15 g Backkakao
5 g Johannisbrotkernmehl
1 Päckchen Backpulver
80 g helles Mandelmehl (teilentölt)

Pro Stück ca. 183 kcal, 9 g EW, 12 g F, 5 g KH, 7 g Xylit

1 Die Sultaninen mit dem Rum und 2 EL Wasser einige Stunden, am besten über Nacht, einweichen.

2 Haselnüsse und Mandeln grob hacken. Den Backofen auf 175 °C Umluft vorheizen und den Boden der Springform mit Backpapier bespannen. Die Eier trennen und die Eiweiße zu steifem Schnee schlagen.

3 Die Eigelbe, das Xylit, die Sahne, die Milch und das Rumaroma so lange verrühren, bis sich das Xylit aufgelöst hat. Das Lebkuchengewürz und den Backkakao dazugeben und unterrühren. Das Johannisbrotkernmehl und das Backpulver darübersieben und mit dem Mandelmehl kurz unterrühren.

4 Die Sultaninen abgießen und mit den gehackten Nüssen und dem Eischnee vorsichtig unter den Teig heben. Den Teig in die vorbereitete Springform geben, glatt streichen und etwa 40 Minuten backen. Nach etwa 15 Minuten den Kuchen mit Alufolie abdecken, damit er nicht zu dunkel wird.

5 Den Kuchen herausnehmen und in der Form abkühlen lassen. Den Springformrand lösen und den Kuchen auf ein Kuchengitter stürzen. Den Boden der Backform abnehmen, das Backpapier abziehen und den Kuchen auf eine Kuchenplatte stürzen.

Tipps: Statt Haselnüssen können Sie auch Walnüsse verwenden. Wer keinen Alkohol im Kuchen mag, weicht die Sultaninen in Wasser ein.

Pflaumenkuchen
mit Streuseln

Für eine quadratische Springform (24 x 24 cm; alternativ rund, 28 cm Ø)
Ergibt 12 Stücke

Für den Teig:
350 g frische Pflaumen (bzw. 300 g Pflaumen aus dem Glas; ungezuckert)
4 Eier (Gr. L)
125 g Sahne
2 EL Milch (3,5 % Fett)
1 Röhrchen Rumaroma
90 g Xylit
5 g Johannisbrotkernmehl
1 Päckchen Backpulver
80 g helles Mandelmehl (teilentölt)
75 g gemahlene Walnüsse

Für die Streusel:
75 g zimmerwarme Butter
60 g helles Mandelmehl (teilentölt)
50 g Xylit
1 leicht gehäufter TL Zimtpulver

Pro Stück ca. 241 kcal, 10 g EW, 17 g F, 5 g KH, 12 g Xylit

1 Für den Teig die Pflaumen waschen und trocken tupfen, entsteinen und in Spalten schneiden. (Pflaumen aus dem Glas davor in einem Sieb sehr gut abtropfen lassen.) Den Backofen auf 175 °C Umluft vorheizen und den Boden der Springform mit Backpapier bespannen. Die Eier trennen und die Eiweiße zu steifem Schnee schlagen.

2 Die Eigelbe, die Sahne, die Milch und das Rumaroma mit dem Xylit so lange verrühren, bis sich das Xylit aufgelöst hat. Das Johannisbrotkernmehl und das Backpulver darübersieben und mit dem Mandelmehl unterrühren. Die gemahlenen Walnüsse kurz untermischen.

3 Den Eischnee vorsichtig unterheben, den Teig in die vorbereitete Springform geben und glatt streichen. Die Pflaumenspalten reihenweise daraufsetzen und gut in den Teig eindrücken.

4 Für die Streusel alle Zutaten kurz zu einer krümeligen Masse verkneten und auf dem Pflaumenkuchen verteilen. Den Kuchen im Ofen auf der mittleren Schiene etwa 50 Minuten backen. Nach 15 Minuten den Kuchen mit Alufolie abdecken, damit er nicht zu dunkel wird.

5 Den Kuchen herausnehmen und in der Form abkühlen lassen. Den Springformrand lösen und den Kuchen auf ein Kuchengitter stürzen. Den Backformboden abnehmen, das Backpapier abziehen und den Kuchen auf eine Kuchenplatte stürzen.

Tipp: Servieren Sie den Kuchen doch mit einem Klecks frisch geschlagener Sahne, dann schmeckt es wie früher bei Oma.

Quarkkuchen

mit Himbeeren

für die allerschönsten Stunden

1 Für den Teig die Himbeeren verlesen, waschen und gut trocken tupfen. Den Backofen auf 175 °C Umluft vorheizen und den Boden der Springform mit Backpapier bespannen. Die Eier trennen und die Eiweiße zu steifem Schnee schlagen.

2 Die Eigelbe mit der Sahne, 75 g Quark und dem Xylit so lange verrühren, bis sich das Xylit aufgelöst hat. Das Johannisbrotkernmehl und das Backpulver darübersieben und mit dem Mandel- und dem Kokosmehl kurz unterrühren.

3 Den Eischnee vorsichtig unterheben, den Teig in die vorbereitete Springform geben und glatt streichen. Die Himbeeren darauf verteilen (den Rand dabei frei lassen) und etwas in den Teig eindrücken. Den Kuchen im Ofen auf der mittleren Schiene 10 Minuten vorbacken.

4 Für die Quarkmasse den Quark, die Milch, das Zitronenaroma, das Ei und das Xylit mit dem Schneebesen verrühren. Ganz zum Schluss das Johannisbrotkernmehl darübersieben und unterrühren. Mit einem Esslöffel die Quarkmasse in großen Klecksen auf den vorgebackenen, noch flüssigen Kuchen geben und grob verstreichen. Am Rand sollten 1 bis 2 cm frei bleiben. Den Kuchen weitere 10 Minuten backen, dann mit Alufolie abdecken und weitere 45 Minuten backen.

5 Den Kuchen herausnehmen und in der Form abkühlen lassen. Den Springformrand lösen und den Kuchen auf ein Kuchengitter stürzen. Den Backformboden abnehmen, das Backpapier abziehen und den Kuchen auf eine Kuchenplatte stürzen. Nach Belieben mit frischen Himbeeren garnieren.

Für eine runde Springform (26 cm Ø)
Ergibt 12 Stücke

Für den Teig:
175 g frische Himbeeren
4 Eier (Gr. L)
125 g Sahne
75 g trockener Speisequark (20 % Fett; siehe S. 20)
90 g Xylit
5 g Johannisbrotkernmehl
1 Päckchen Backpulver
80 g helles Mandelmehl (teilentölt)
20 g Kokosmehl (teilentölt)

Für die Quarkmasse:
425 g trockener Speisequark (20 % Fett; siehe S. 20)
3 EL Milch (3,5 % Fett)
1 Röhrchen Zitronenaroma
1 Ei (Gr. L)
45 g Xylit
5 g Johannisbrotkernmehl

Pro Stück ca. 179 kcal, 12 g EW, 9 g F, 5 g KH, 11 g Xylit

Fruchtig, fruchtig

Die mit der extrafrischen Note

Warum der Apfel- und der Erdbeerkuchen zu den beliebtesten Kuchen zählen? Ganz klar: weil Äpfel bzw. Erdbeeren drauf sind. Die Kombination aus Kuchenteig und Obst ist für viele das Nonplusultra, für das sie glatt ein Stück Schokoladentorte links liegen lassen. Mit der Auswahl der richtigen Früchte und einer etwas reduzierten Menge davon sind auch Obstkuchen wunderbar Low-Carb-tauglich, wie Sie auf den folgenden Seiten sehen werden.

Apfelkuchen
mit Mandeln und Zimt

Knusprig und saftig zugleich

1 Den Backofen auf 175 °C Umluft vorheizen und den Boden der Springform mit Backpapier bespannen. Den Apfel waschen, schälen, entkernen und anschließend in dünne Spalten schneiden. Die Eier trennen und die Eiweiße zu steifem Schnee schlagen.

2 Die Eigelbe, Sahne, die Buttermilch und 90 g Xylit so lange verrühren, bis sich das Xylit aufgelöst hat. Das Johannisbrotkernmehl und das Backpulver darübersieben und mit dem Mandel- und dem Kokosmehl unterrühren. Dann die gemahlenen Mandeln kurz unterrühren.

3 Den Eischnee vorsichtig unterheben, den Teig in die vorbereitete Backform geben und glatt streichen. Die Apfelspalten gleichmäßig auf dem Teig verteilen und etwas hineindrücken.

4 Das Xylit mit dem Zimtpulver mischen und über den Kuchen streuen. Dann die Mandelstifte gleichmäßig darüber verteilen. Den Kuchen im Ofen auf der mittleren Schiene 55 Minuten backen. Nach 15 Minuten mit Alufolie abdecken, damit er nicht zu dunkel wird.

5 Den Kuchen herausnehmen und in der Form abkühlen lassen. Den Springformrand lösen und den Kuchen auf ein Kuchengitter stürzen. Den Backformboden abnehmen, das Backpapier abziehen und den Kuchen auf eine Kuchenplatte stürzen.

Tipp: Damit der Kuchen beim Stürzen nicht zu viele Mandeln verliert, vor dem Stürzen einen Bogen Backpapier direkt darauflegen.

Für eine quadratische Springform (24 x 24 cm; alternativ rund, 28 cm Ø)
Ergibt 12 Stücke

1 großer Apfel (etwa 200 g)
4 Eier (Gr. L)
125 g Sahne
50 g Buttermilch
90 g Xylit
5 g Johannisbrotkernmehl
1 Päckchen Backpulver
80 g helles Mandelmehl (teilentölt)
10 g Kokosmehl (teilentölt)
150 g gemahlene Mandeln

1 EL Xylit
1 gestrichener TL Zimtpulver
40 g Mandelstifte

Pro Stück ca. 221 kcal, 11 g EW, 15 g F, 5 g KH, 8 g Xylit

Schoki küsst Birne

Birnenkuchen
mit Schokostückchen

1 Die Birnenhälften klein schneiden und in einem Sieb gut abtropfen lassen. Den Backofen auf 175°C Umluft vorheizen und den Boden der Springform mit Backpapier bespannen. Die Eier trennen und die Eiweiße zu steifem Schnee schlagen.

2 Die Eigelbe mit der Sahne, dem Butter-Vanille-Aroma und dem Xylit so lange verrühren, bis sich das Xylit aufgelöst hat. Das Johannisbrotkernmehl und das Backpulver darübersieben und mit dem Mandelmehl kurz unterrühren. Dann die gemahlenen Mandeln untermischen. Die Low-Carb-Schokodrops zusammen mit dem Eischnee vorsichtig unterheben.

3 Den Teig in die vorbereitete Springform geben und glatt streichen. Die Birnenstückchen darauf verteilen und etwas in den Teig drücken. Den Kuchen im Ofen auf der mittleren Schiene etwa 45 Minuten backen. Nach 15 Minuten den Kuchen mit Alufolie abdecken, damit er nicht zu dunkel wird.

4 Den Kuchen herausnehmen und in der Form abkühlen lassen. Den Springformrand lösen und den Kuchen auf ein Kuchengitter stürzen. Den Backformboden abnehmen, das Backpapier abziehen und den Kuchen auf eine Kuchenplatte stürzen.

Tipp: Alternativ kann man den Kuchen einfach nur mit etwas Xylit-Puderzucker bestäuben.

Für eine runde Springform (26 cm Ø)
Ergibt 12 Stücke

200 g Birnenhälften aus der Dose (ungezuckert; alternativ 1 große frische, reife Birne)
4 Eier (Gr. L)
125 g Sahne
1 Röhrchen Butter-Vanille-Aroma
90 g Xylit
5 g Johannisbrotkernmehl
1 Päckchen Backpulver
80 g helles Mandelmehl (teilentölt)
30 g blanchierte, gemahlene Mandeln
75 g Low-Carb-Schokodrops (bzw. gehackte Schokolade mit hohem Kakaoanteil)

Pro Stück ca. 168 kcal, 8 g EW, 11 g F, 4 g KH, 9 g Xylit

Endlich ist es richtig Sommer!

Erdbeerkuchen

mit Tortenguss

1 Den Backofen auf 175 °C Umluft vorheizen und den Boden der Springform mit Backpapier bespannen. Für den Teig die Eier trennen und die Eiweiße zu steifem Schnee schlagen.

2 Die Sahne mit dem Xylit, den Eigelben und der Zitronenschale in einer Schüssel so lange verrühren, bis sich das Xylit aufgelöst hat. Das Johannisbrotkernmehl und das Backpulver darübersieben und mit dem Mandelmehl unterrühren.

3 Den Eischnee vorsichtig unterheben, den Teig in die vorbereitete Springform geben und glatt streichen. Den Kuchen im Ofen auf der mittleren Schiene etwa 40 Minuten backen. Nach etwa 15 Minuten den Kuchen mit Alufolie abdecken, damit er nicht zu dunkel wird.

4 Den Kuchen herausnehmen und in der Form abkühlen lassen. Den Springformrand lösen und den Kuchen auf ein Kuchengitter stürzen. Den Backformboden abnehmen, das Backpapier abziehen und den Kuchen auf eine Kuchenplatte stürzen.

5 Für den Belag die Erdbeeren waschen, putzen und hübsch auf dem Kuchen verteilen. Den Tortenguss nach Packungsanweisung, jedoch mit Xylit statt Zucker zubereiten und auf dem Erdbeerkuchen verteilen.

Tipp: Statt in einer Springform kann man diesen Kuchen auch in einer Obstkuchenform backen. Diese muss aber unbedingt gut eingefettet werden.

Für eine runde Springform (26 cm Ø)
Ergibt 12 Stücke

Für den Teig:
4 Eier (Gr. L)
125 g Sahne
90 g Xylit
1 Msp. abgeriebene Bio-Zitronenschale
5 g Johannisbrotkernmehl
1 Päckchen Backpulver
80 g helles Mandelmehl (teilentölt)

Für den Belag:
500 g Erdbeeren
1 Päckchen Tortenguss
1 EL Xylit

Pro Stück ca. 126 kcal, 7 g EW, 6 g F, 4 g KH, 8 g Xylit

Cherry, Cherry, Baby!

Kirschkuchen

mit Mohn und Haselnüssen

Für eine quadratische Springform (24 x 24 cm; alternativ rund, 28 cm Ø)
Ergibt 12 Stücke

175 g Kirschen (TK; ungezuckert)
4 Eier (Gr. L)
125 g Sahne
150 g Naturjoghurt (3,5 % Fett)
einige Tropfen Vanillearoma
90 g Xylit
5 g Johannisbrotkernmehl
1 Päckchen Backpulver
80 g helles Mandelmehl (teilentölt)
40 g gemahlener Mohn (Dampfmohn)
100 g gemahlene Haselnüsse

Pro Stück ca. 199 kcal, 9 g EW, 14 g F, 5 g KH, 7 g Xylit

1 Die Kirschen in ein Sieb geben, mögliche Eiskristalle abbrausen und etwa 1 Stunde antauen lassen. Den Backofen auf 175 °C Umluft vorheizen und den Boden der Springform mit Backpapier bespannen. Die Eier trennen und die Eiweiße zu steifem Schnee schlagen.

2 Die Eigelbe, die Sahne, den Naturjoghurt, das Vanillearoma und das Xylit so lange verrühren, bis sich das Xylit aufgelöst hat. Das Johannisbrotkernmehl und das Backpulver darübersieben und mit dem Mandelmehl kurz unterrühren. Den gemahlenen Mohn und die gemahlenen Haselnüsse dazugeben und kurz untermischen.

3 Den Eischnee vorsichtig unterheben, den Teig in die vorbereitete Springform geben und glatt streichen. Die Kirschen darauf verteilen und etwas eindrücken. Den Kuchen im Ofen auf der mittleren Schiene etwa 55 Minuten backen. Nach 15 Minuten den Kuchen mit Alufolie abdecken, damit er nicht zu dunkel wird.

4 Den Kuchen herausnehmen und in der Form abkühlen lassen. Den Springformrand lösen und den Kuchen auf ein Kuchengitter stürzen. Den Backformboden abnehmen, das Backpapier abziehen und den Kuchen auf eine Kuchenplatte stürzen.

Info: Gemahlener Mohn ist im Handel auch als Dampfmohn erhältlich und hat einen Kohlenhydratanteil von 4,2 g pro 100 g.

Schokoladenkuchen
mit Kirschen

Für eine runde Springform (26 cm Ø)
Ergibt 12 Stücke

175 g Kirschen (TK; ungezuckert)
4 Eier (Gr. L)
125 g Sahne
75 ml Milch (3,5 % Fettanteil)
1 Röhrchen Rumaroma
90 g Xylit
5 g Johannisbrotkernmehl
1 Päckchen Backpulver
80 g helles Mandelmehl (teilentölt)
130 g blanchierte, gemahlene Mandeln
10 g Backkakao

Pro Portion ca. 192 kcal, 10 g EW, 12 g F, 5 g KH, 7 g Xylit

1 Die Kirschen in einem Sieb etwa 1 Stunde auftauen und abtropfen lassen. Den Backofen auf 175 °C Umluft vorheizen und den Boden der Springform mit Backpapier bespannen. Die Eier trennen und die Eiweiße zu steifem Schnee schlagen.

2 Eigelbe, Sahne, Milch, Rumaroma und das Xylit so lange verrühren, bis sich das Xylit aufgelöst hat. Das Johannisbrotkernmehl und das Backpulver und darübersieben und mit dem Mandelmehl und den gemahlenen Mandeln unterrühren. Den Eischnee vorsichtig unterheben.

3 Ein Drittel des Teiges in eine zweite Schüssel geben. Über den restlichen Teig das Kakaopulver sieben und vorsichtig unterziehen. Den dunklen Teig in die vorbereitete Springform geben und glatt streichen. Die Kirschen darauf verteilen (den Rand dabei frei lassen) und etwas in den Teig drücken. Den hellen Teig mit einem Esslöffel als Kleckse dekorativ auf dem Kirschteig verteilen und etwas glatt streichen.

4 Den Kuchen im Ofen auf der mittleren Schiene etwa 50 Minuten backen. Nach 15 Minuten den Kuchen mit Alufolie abdecken, damit er nicht zu dunkel wird.

5 Kuchen herausnehmen und in der Form abkühlen lassen. Springformrand lösen, einen Bogen Backpapier direkt auf den Kuchen legen und auf ein Kuchengitter stürzen. Den Backformboden abnehmen, das Backpapier abziehen und den Kuchen auf eine Kuchenplatte stürzen.

Tipp: Den noch warmen Kuchen nach Belieben mit etwas Low-Carb-Aprikosenkonfitüre aprikotieren.

Mix & Match

Zaubern Sie Ihren eigenen Lieblingskuchen!

Das Prinzip ist ganz simpel, das Ergebnis einfach genial! Sie backen den Grundteig in einer von 3 möglichen Formen, suchen sich aus 7 Fruchtbelägen einen aus und toppen den Kuchen mit einer von 4 verschiedenen Cremes. Das macht nach Adam Riese 3 x 7 x 4 = 84 verschiedene Möglichkeiten, wie Sie Ihren ganz persönlichen Kuchen zusammenzustellen können. Ganz nach dem Motto: „Langeweile? Kenn' ich nicht!"

Für den Teig
Ergibt 12 Stücke:
3 Eier (Gr. L)
75 g Sahne
65 g Xylit
5 g Johannisbrotkernmehl
1 Päckchen Backpulver
60 g helles Mandelmehl (teilentölt)

Pro Stück ca. 77 kcal, 5 g EW, 4 g F, 2 g KH, 5 g Xylit

1 Den Backofen auf 175 °C Umluft vorheizen und den Boden der Springform mit Backpapier bespannen. Für den Teig die Eier trennen und die Eiweiße zu steifem Schnee schlagen.

2 Die Eigelbe, die Sahne und das Xylit so lange verrühren, bis sich das Xylit aufgelöst hat. Das Johannisbrotkernmehl und das Backpulver darübersieben und mit dem Mandelmehl unterrühren.

3 Den Eischnee vorsichtig unterheben, den Teig in die vorbereitete Springform geben und glatt streichen. Den Kuchen im Ofen auf der mittleren Schiene etwa 15 Minuten backen. Dann mit Alufolie abdecken, damit er nicht zu dunkel wird, und je nach ausgewählter Form den Kuchen 15 bis 20 Minuten fertig backen.

4 Den Kuchen herausnehmen und in der Form abkühlen lassen. Den Springformrand lösen und den Kuchen auf ein Kuchengitter stürzen. Den Backformboden abnehmen, das Backpapier abziehen und den Kuchen auf eine Kuchenplatte stürzen.

1. Die Backform aussuchen

Abwarten und abkühlen lassen: Nahezu alle meine Kuchen lassen sich stürzen! Den Kuchen in der Backform abkühlen lassen, den Rand der Springform lösen und abnehmen. Anschließend stürzen Sie den Kuchen komplett mit Backformboden und Backpapier auf ein Kuchengitter. Den Boden abnehmen, das Backpapier abziehen und den Kuchen auf die gewünschte Kuchenplatte stürzen.

2. Den Fruchtbelag auswählen

Für den Belag
Für 12 Stücke:
200 g Obst
(z. B. Erdbeeren,
Himbeeren,
Heidelbeeren,
Sauerkirschen
oder ungezuckerte Tiefkühlmischungen,
wie z.B.
Tropical-Obstmischung,
Winter-Obstmischung
oder Beerenmix)
15 g Xylit
1 Päckchen klarer Tortenguss

1 Das Obst je nach Sorte putzen, waschen und abtropfen lassen. Tiefgekühlte Beeren in einem Sieb auftauen. Sollten Eiskristalle daran sein, diese zuerst kurz abbrausen.

2 Das Obst in einen hohen Rührbecher geben und mit dem Stabmixer fein pürieren. Das Obstpüree mit Wasser auf 300 ml auffüllen und in einen kleinen Topf geben.

3 Das Xylit mit dem Schneebesen unterrühren, damit es sich auflöst. Den Tortenguss klümpchenfrei unterrühren. Alles unter Rühren zum Kochen bringen.

4 Die heiße Masse vorsichtig (nach und nach) auf die Mitte des gebackenen Bodens geben. Hierbei aufpassen, damit sie nicht zu weit nach außen läuft, denn am Rand sollte etwa 1 cm frei bleiben. Das Fruchtgelee fest werden lassen.

Hier verwende ich zum Binden Tortenguss, auch wenn er – was die Nährwerte betrifft – nicht Low Carb ist. Ein Päckchen Tortenguss enthält 8,76 g Kohlenhydrate, die aber auf ein Stück Kuchen umgerechnet kein Problem darstellen.

3. Mit einer leckeren Creme garnieren

Käse-Sahne-Creme

Für 12 Stücke:
125 g trockener Speisequark (20 % Fett; siehe S. 20)
1 EL Zitronensaft
1 Msp. abgeriebene Bio-Zitronenschale
35 g Xylit
200 g Sahne
1 Päckchen Sahnefestiger

Pro Stück ca. 71 kcal, 2 g EW, 6 g F, 2 g KH, 3 g Xylit

1 Den Quark (er sollte relativ trocken sein, sonst wird die Creme zu flüssig und lässt sich nicht auf den Kuchen spritzen) mit dem Zitronensaft, dem Zitronenabrieb und dem Xylit verrühren, damit sich das Xylit auflöst.

2 Die Sahne steif schlagen, dabei den Sahnefestiger unter ständigem Rühren einrieseln lassen und die Sahne fertig schlagen. Die Sahne unter die Quarkmasse heben.

Joghurt-Sahne-Creme

Für 12 Stücke:
100 g griechischer Joghurt (10 % Fett)
30 g Xylit
200 g Sahne
1 Päckchen Sahnefestiger

Pro Stück ca. 69 kcal, 1 g EW, 6 g F, 1 g KH, 3 g Xylit

1 Den Joghurt mit dem Xylit verrühren und die Masse kurz stehen lassen, damit sich das Xylit auflöst.

2 Die Sahne steif schlagen, dabei den Sahnefestiger unter ständigem Rühren einrieseln lassen und die Sahne fertig schlagen. Die Sahne unter die Joghurtmasse ziehen und sofort verarbeiten, weil die Creme nicht so fest ist.

Frischkäse-Creme

Für 12 Stücke:
150 g Doppelrahmfrischkäse
2 EL Zitronensaft
30 g Xylit
200 g Sahne
1 Päckchen Sahnefestiger

Pro Stück ca. 96 kcal, 1 g EW, 6 g F, 1 g KH, 3 g Xylit

1 Den Frischkäse mit dem Zitronensaft und dem Xylit glatt rühren und kurz stehen lassen, damit sich das Xylit auflöst.

2 Die Sahne steif schlagen, dabei den Sahnefestiger unter ständigem Rühren einrieseln lassen und die Sahne fertig schlagen. Die geschlagene Sahne unter die Frischkäsemischung ziehen.

Mascarpone-Creme

Für 12 Stücke:
150 g Mascarpone
1 EL Zitronensaft
35 g Xylit
200 g Sahne
1 Päckchen Sahnefestiger

Pro Stück ca. 109 kcal, 1 g EW, 10 g F, 2 g KH, 3 g Xylit

1 Die Mascarpone mit dem Zitronensaft und dem Xylit verrühren, damit sich das Xylit auflöst.

2 Die Sahne steif schlagen, dabei den Sahnefestiger unter ständigem Rühren einrieseln lassen und die Sahne fertig schlagen. Die geschlagene Sahne unter die Mascarponecreme ziehen. Diese Creme wird nicht so fest, hier empfiehlt es sich, sie kurz vor dem Servieren zuzubereiten.

Damit sich die Cremes zum Spritzen und Garnieren eignen, brauchen sie eine gewisse Bindung. Hier habe ich ganz bewusst auf Gelatine verzichtet und einen Sahnefestiger verwendet. Dieser enthält zwar ebenfalls Kohlenhydrate (7 g pro Päckchen), die aber pro einzelnem Kuchenstück nicht ins Gewicht fallen.

Die Creme in einen Spritzbeutel mit beliebiger Tülle (siehe Klappe hinten) füllen und den runden oder den quadratischen Kuchen außen beginnend mit Tupfen, Rosetten oder Linien verzieren.

Bitte etwas mehr davon!

Pfirsich-Kokoskuchen

mit Schokodrops

Für eine quadratische Springform (24 x 24 cm; alternativ rund, 28 cm Ø)
Ergibt 12 Stücke

175 g Pfirsiche aus der Dose (ungezuckert)
4 Eier (Gr. L)
125 g Sahne
150 g Naturjoghurt (3,5 % Fett)
90 g Xylit
5 g Johannisbrotkernmehl
1 Päckchen Backpulver
80 g helles Mandelmehl (teilentölt)
50 g blanchierte, gemahlene Mandeln
25 g Kokosraspel
35 g Low-Carb-Schokodrops

Pro Stück ca. 180 kcal, 8 g EW, 12 g F, 4 g KH, 8 g Xylit

1 Die Pfirsiche in Würfel schneiden und in einem Sieb gut abtropfen lassen. Den Backofen auf 175 °C Umluft vorheizen und den Boden der Springform mit Backpapier bespannen. Die Eier trennen und die Eiweiße zu steifem Schnee schlagen.

2 Die Eigelbe mit der Sahne, dem Joghurt und dem Xylit so lange verrühren, bis sich das Xylit aufgelöst hat. Das Johannisbrotkernmehl und das Backpulver darübersieben und mit dem Mandelmehl kurz unterrühren. Die gemahlenen Mandeln und die Kokosraspel dazugeben und untermengen.

3 Den Eischnee vorsichtig unterheben, etwa zwei Drittel des Teiges in die vorbereitete Springform geben und glatt streichen. Die Schokodrops darüber verteilen. Den restlichen Teig darauf geben und glatt streichen. Nun die gewürfelten Pfirsiche gleichmäßig darüber verteilen und etwas in den Teig drücken. Den Kuchen im Ofen auf der mittleren Schiene etwa 55 Minuten backen. Nach 15 Minuten den Kuchen mit Alufolie abdecken, damit er nicht zu dunkel wird.

4 Den Kuchen herausnehmen und in der Form abkühlen lassen. Den Springformrand lösen und den Kuchen mit dem Springformboden auf ein Kuchengitter stürzen. Den Backformboden abnehmen, das Backpapier abziehen und den Kuchen auf eine Kuchenplatte stürzen.

Tipps: Statt Low-Carb-Schokodrops können Sie auch eine Schokolade mit hohem Kakaoanteil (mind. 81 %) verwenden. Diese dann einfach grob hacken. Den Kuchen nach Belieben kurz vor dem Servieren mit Xylit-Puderzucker bestäuben.

Klassiker mit Superfood

Pfirsichkuchen
mit Chiasamen

Für eine runde Springform (26 cm Ø)
Ergibt 12 Stücke

150 g Pfirsiche aus der Dose (ungezuckert)
4 Eier (Gr. L)
125 g Sahne
75 g trockener Speisequark (20 % Fett; siehe S. 20)
90 g Xylit
30 g Chiasamen
5 g Johannisbrotkernmehl
1 Päckchen Backpulver
80 g helles Mandelmehl (teilentölt)

Pro Stück ca. 133 kcal, 8 g EW, 8 g F, 4 g KH, 7 g Xylit

1 Die Pfirsiche in kleine Stücke schneiden und in einem Sieb abtropfen lassen. Den Backofen auf 175 °C Umluft vorheizen und den Boden der Springform mit Backpapier bespannen. Die Eier trennen und die Eiweiße zu steifem Schnee schlagen.

2 Die Eigelbe mit der Sahne, dem Quark und dem Xylit so lange verrühren, bis sich das Xylit aufgelöst hat. Die Chiasamen kurz unterrühren. Das Johannisbrotkernmehl und das Backpulver darübersieben und mit dem Mandelmehl unterrühren.

3 Die Pfirsichstückchen mit dem Eischnee vorsichtig unterheben, den Teig in die vorbereitete Springform geben und glatt streichen. Den Kuchen im Ofen auf der mittleren Schiene etwa 45 Minuten backen. Nach 15 Minuten den Kuchen mit Alufolie abdecken, damit er nicht zu dunkel wird.

4 Den Kuchen herausnehmen und in der Form abkühlen lassen. Den Springformrand lösen und den Kuchen auf ein Kuchengitter stürzen. Den Backformboden abnehmen, das Backpapier abziehen und den Kuchen auf eine Kuchenplatte stürzen.

Tipp: Noch ein Guss gefällig? Rezepte dafür finden Sie auf Seite 96/97.

Schwarz-Weiß-Kuchen
mit Aprikosen

Für eine runde Springform (26 cm Ø)
Ergibt 12 Stücke

150 g Aprikosen aus der Dose (ungezuckert)
4 Eier (Gr. L)
125 g Sahne
50 ml Kondensmilch (4 % Fett)
90 g Xylit
5 g Johannisbrotkernmehl
1 Päckchen Backpulver
80 g helles Mandelmehl (teilentölt)
30 g Kokosmehl (teilentölt)
30 g Kokosraspel
10 g Backkakao

Pro Stück ca. 146 kcal, 8 g EW, 8 g F, 5 g KH, 7 g Xylit

1 Den Backofen auf 175 °C Umluft vorheizen und den Boden der Springform mit Backpapier bespannen. Die Aprikosen klein schneiden und in einem Sieb gut abtropfen lassen. Die Eier trennen und die Eiweiße zu steifem Schnee schlagen.

2 Die Eigelbe mit der Sahne, der Kondensmilch und dem Xylit so lange verrühren, bis sich das Xylit aufgelöst hat. Das Johannisbrotkernmehl und das Backpulver darübersieben und mit dem Mandelmehl unterrühren. Das Kokosmehl dazugeben und kurz unterrühren, dann den Eischnee vorsichtig unterheben.

3 Den Teig halbieren, unter die eine Hälfte die Kokosraspel ziehen, unter die andere Hälfte den Backkakao. Die beiden Teige abwechselnd (löffelweise) in die vorbereitete Springform geben und etwas glatt streichen. Dabei marmorieren sie an der Oberfläche leicht. Die vorbereiteten Aprikosen darauf verteilen und etwas in den Teig eindrücken. Den Kuchen im Ofen auf der mittleren Schiene etwa 45 Minuten backen. Nach 15 Minuten den Kuchen mit Alufolie abdecken, damit er nicht zu dunkel wird.

4 Den Kuchen herausnehmen und in der Form abkühlen lassen. Den Springformrand lösen und den Kuchen auf ein Kuchengitter stürzen. Den Backformboden abnehmen, das Backpapier abziehen und den Kuchen auf eine Kuchenplatte stürzen.

Tipp: Bestäuben Sie den Kuchen nach Belieben kurz vor dem Servieren mit Xylit-Puderzucker.

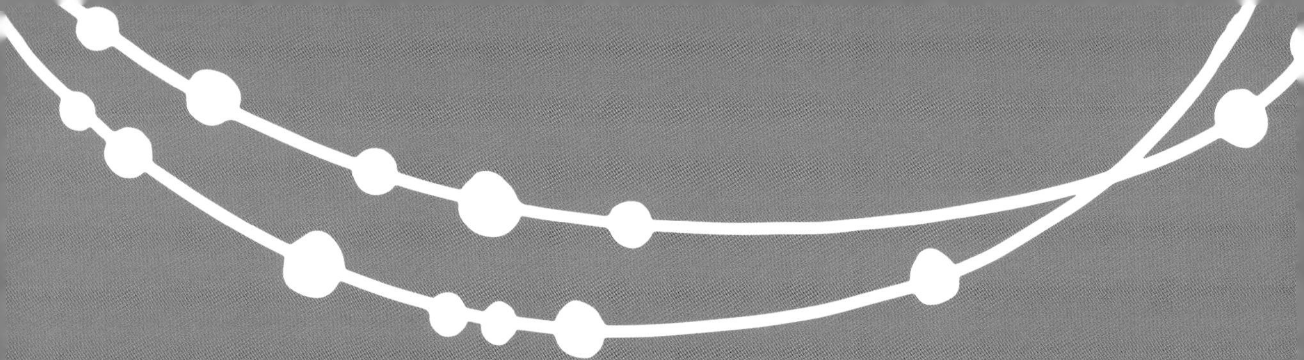

Für die Sonntagstafel
in kleiner oder großer Runde

Es gibt Anlässe, bei denen muss ein Kuchen auf die Kaffeetafel, der den Gästen schon beim ersten Anblick ein begeistertes „Ohhh" der Vorfreude und Bewunderung entlockt. Dass man dafür dann ein bisschen mehr Zeit einplanen muss, liegt auf der Hand. Dann heißt es die Ärmel hochkrempeln, etwas Schönes backen und anschließend den Spritzbeutel befüllen und den Kuchen nach Herzenslust mit Sahnetupfen garnieren oder mit Himbeeren oder Eierlikör dekorieren!

Chic und mit Schuss

Eierlikörkuchen

mit Mandeln und Schoko

Für eine quadratische Springform (24 x 24 cm; alternativ rund, 28 cm Ø)
Ergibt 12 Stücke

Für den Eierlikör (ca. 600 ml):
6 ganz frische Eigelbe (Gr. L)
75 g Xylit
75 ml Kondensmilch (4 % Fett)
100 g Sahne
300 ml Doppelkorn (38 Vol.-%)

Für den Teig:
4 Eier (Gr. L), 125 g Sahne
125 ml Eierlikör
90 g Xylit
5 g Johannisbrotkernmehl
1 Päckchen Backpulver
80 g helles Mandelmehl (teilentölt)
25 g Kokosmehl (teilentölt)
100 g blanchierte, gemahlene Mandeln, 75 g Low-Carb-Schokodrops

Außerdem:
200 g Sahne, 15 g Xylit,
50 ml Eierlikör

Pro Stück ca. 291 kcal, 10 g EW, 21 g F, 5 g KH, 10 g Xylit

1 Für den Eierlikör die Eigelbe in einer Metallschüssel cremig rühren, dann das Xylit einrieseln lassen. Nach und nach die Kondensmilch und die Sahne unter Rühren dazugießen. Zum Schluss den Korn langsam dazugeben. Die Masse im Wasserbad unter Rühren langsam 10 bis 15 Minuten erwärmen, bis der Eierlikör fester und cremig wird. Den Eierlikör kalt rühren, umfüllen und in den Kühlschrank stellen.

2 Den Backofen auf 175 °C Umluft vorheizen und den Boden der Springform mit Backpapier bespannen. Für den Teig die Eier trennen, die Eiweiße zu steifem Schnee schlagen und beiseitestellen. Die Eigelbe mit der Sahne, dem Eierlikör und dem Xylit so lange verrühren, bis sich das Xylit aufgelöst hat. Das Johannisbrotkernmehl und das Backpulver darübersieben und mit dem Mandel- und dem Kokosmehl kurz unterrühren. Dann die gemahlenen Mandeln dazugeben und unterrühren. Den Eischnee vorsichtig unterheben, dann die Schokodrops kurz unterziehen. Den Teig in die vorbereitete Springform geben und glatt streichen. Den Kuchen im Ofen auf der mittleren Schiene etwa 40 Minuten backen. Nach 15 Minuten den Kuchen mit Alufolie abdecken, damit er nicht zu dunkel wird.

3 Den Kuchen herausnehmen und in der Form abkühlen lassen. Den Springformrand lösen und den Kuchen auf ein Kuchengitter stürzen. Den Backformboden abnehmen, das Backpapier abziehen und den Kuchen auf eine Kuchenplatte stürzen.

4 Die Sahne steif schlagen, dabei erst gegen Ende das Xylit einrieseln lassen. In einen Spritzbeutel mit Sterntülle füllen und dekorativ auf den Kuchen spritzen. Den Eierlikör kurz vor dem Servieren darüberträufeln.

Keine Angst vor Gelatine: einen Topf (20 cm Ø) mit kaltem Wasser füllen, die Gelatineblätter einzeln über Kreuz hineinlegen und ins Wasser drücken. 5 Minuten quellen lassen. Das Wasser so abgießen, dass der Boden noch leicht bedeckt bleibt. Auf dem Herd erhitzen, dabei mit dem Finger testen: sobald es zu heiß wird, vom Herd nehmen. Die Gelatineblätter vorsichtig mit einer Gabel verrühren, dabei den Topf schräg halten. Von der CCrememasse 2 bis 3 EL mit dem Schneebesen unter die aufgelöste, flüssige Gelatine rühren. Dies ist der Temperaturausgleich. Dann diese unter Rühren in die restliche zu gelierende Cremasse rühren.

Joghurttraum
mit Himbeeren

Frisch und herrlich leicht

1 Den Teig wie im Grundrezept auf Seite 6 beschrieben zubereiten, backen, abkühlen lassen und den Kuchen auf eine Kuchenplatte stürzen.

2 Für den Fruchtbelag die Himbeeren verlesen, gegebenenfalls waschen und gut trocken tupfen. Von der Mitte aus kreisförmig nach außen auf den gebackenen Boden setzen, dabei einen 2 cm breiten Rand frei lassen. Den Tortenguss nach Packungsanweisung mit dem Xylit zubereiten und löffelweise, von der Mitte nach außen, auf den Himbeeren verteilen. Den Kuchen kühl stellen.

3 Einen Tortenring um den Kuchen stellen. Für die Creme Frischkäse, Joghurt, Xylit und Zitronenschale mit dem Schneebesen glatt rühren. Die Gelatine in einem kleinen Topf 5 Minuten in kaltem Wasser einweichen. Das Wasser abgießen und soviel Wasser im Topf lassen, dass der Boden leicht bedeckt ist. Nun die Gelatine ganz vorsichtig erwärmen und auflösen. 3 bis 4 EL der Frischkäsemasse dazugeben und mit dem Schneebesen unterrühren. Dann die Gelatinemasse langsam unter Rühren in die vorbereitete Crememasse gießen.

4 Die Creme auf den vorbereiteten Boden mit den Himbeeren geben und glatt streichen. Die Torte mindestens 4 Stunden in den Kühlschrank stellen.

Tipp: Wer möchte, kann die fertige Torte auch noch mit Sahnetupfen und ein paar frischen Himbeeren garnieren.

Für eine runde Springform (26 cm Ø)
Ergibt 12 Stücke

Für den Teig:
4 Eier (Gr. L)
125 g Sahne
90 g Xylit
5 g Johannisbrotkernmehl
1 Päckchen Backpulver
80 g helles Mandelmehl (teilentölt)

Für den Fruchtbelag:
275 g frische Himbeeren
1 Päckchen roter Tortenguss
1 EL Xylit

Für die Creme:
300 g Doppelrahmfrischkäse
400 g Naturjoghurt (3,5 % Fett)
50 g Xylit
1 Msp. abgeriebene
Bio-Zitronenschale
7 Blatt weiße Gelatine

Pro Stück ca. 219 kcal, 10 g EW, 15 g F, 5 g KH, 8 g Xylit

Käse-Sahne-Schnitten

mit Mandarinen

1 Den Teig wie im Grundrezept auf Seite 6 beschrieben mit etwas abgeriebener Zitronenschale zubereiten, backen, abkühlen lassen und den Kuchen auf eine Kuchenplatte stürzen.

2 Für die Creme die Mandarinen etwas kleiner schneiden und in einem Sieb abtropfen lassen. Die Sahne steif schlagen. Die Gelatine 5 Minuten in einem Topf in kaltem Wasser einweichen. Das Wasser abgießen und so viel Wasser im Topf lassen, dass der Boden leicht bedeckt ist. Dann die Gelatine ganz vorsichtig erwärmen und auflösen.

3 Quark, Joghurt, Zitronensaft und Xylit mit dem Schneebesen so lange verrühren, bis sich das Xylit aufgelöst hat. Etwas von der Quarkmasse in die aufgelöste Gelatine rühren. Dann die Gelatinemasse langsam unter Rühren in die Crememasse gießen. Zum Schluss die Sahne und die Mandarinenstückchen kurz unterziehen.

4 Den gesäuberten Springformrand um den gebackenen Boden stellen und die Mandarinen-Quarkmasse auf dem Boden glatt streichen. Die Torte mindestens 4 Stunden in den Kühlschrank stellen, erst dann den Springformrand vorsichtig entfernen.

5 Für die Dekoration die Sahne steif schlagen, das Xylit dabei erst gegen Ende unter Rühren einrieseln lassen. Die Sahne in einen Spritzbeutel mit Sterntülle füllen und die Torte nach Belieben damit verzieren.

Tipp: Die angegebenen Zutaten können Sie auch in einer runden Springform (28 cm Durchmesser) backen.

Für eine quadratische Springform (24 x 24 cm)
Ergibt 12 Stücke

Für den Teig:
4 Eier (Gr. L), 125 g Sahne
1 Msp. abgeriebene Bio-Zitronenschale
90 g Xylit
5 g Johannisbrotkernmehl
1 Päckchen Backpulver
80 g helles Mandelmehl (teilentölt)

Für die Creme:
1 Dose Mandarinen (175 g Abtropfgewicht; ungezuckert)
200 g Sahne
7 Blatt weiße Gelatine
500 g trockener Speisequark (20 % Fett; siehe S. 20)
150 g Naturjoghurt (3,5 % Fett)
1 EL Zitronensaft, 65 g Xylit

Außerdem:
200 g Sahne, Xylit (bei Bedarf)

Pro Stück ca. 282 kcal, 13 g EW, 19 g F, 7 g KH, 13 g Xylit

Sommerliche Buttermilchtorte
mit Obstgelee

Für eine runde Springform (26 cm Ø)
Ergibt 12 Stücke

Für den Teig:
4 Eier (Gr. L)
125 g Sahne
90 g Xylit
5 g Johannisbrotkernmehl
1 Päckchen Backpulver
80 g helles Mandelmehl (teilentölt)

Für das Obstgelee:
200 g Pfirsiche aus der Dose (ungezuckert)
1 Päckchen klarer Tortenguss
15 g Xylit

Für die Creme:
9 Blatt Gelatine
500 g Buttermilch
200 g Schmand
50 g Xylit
1 Päckchen Zitronenabrieb

Pro Stück ca. 189 kcal, 9 g EW, 11 g F, 6 g KH, 13 g Xylit

1 Den Teig wie im Grundrezept auf Seite 6 beschrieben zubereiten, backen, abkühlen lassen und den Kuchen auf eine Kuchenplatte stürzen.

2 Für das Obstgelee die abgetropften Pfirsiche in einem hohen Rührbecher mit dem Stabmixer fein pürieren, mit Wasser auf 250 ml auffüllen und in einen Topf geben. Tortenguss mit Xylit mischen, unter das Fruchtpüree rühren und unter Rühren kurz aufkochen. Die heiße Fruchtmasse von der Mitte aus auf dem Tortenboden verstreichen, dabei einen 1 cm breiten Rand frei lassen. Den Kuchen etwa 15 Minuten in den Kühlschrank stellen.

3 Für die Creme die Gelatine 5 Minuten in einem kleinen Topf in kaltem Wasser einweichen. Die Buttermilch und den Schmand mit dem Schneebesen glatt rühren. Xylit und Zitronenabrieb dazugeben und so lange verrühren, bis sich das Xylit aufgelöst hat.

4 Die Gelatine abgießen und so viel Wasser im Topf lassen, dass der Boden leicht bedeckt ist. Dann die Gelatine ganz vorsichtig erwärmen und auflösen. 4 EL der Buttermilchmasse mit dem Schneebesen unter die aufgelöste Gelatine rühren. Dann die Gelatinemasse unter die Buttermilchmasse rühren und etwa 5 Minuten in den Kühlschrank stellen, bis die Creme zu gelieren beginnt.

5 Einen Tortenring um den Boden stellen und die Buttermilchcreme auf dem Boden glatt streichen. Die Torte etwa 3 Stunden in den Kühlschrank stellen. Vor dem Servieren den Tortenring mit einem heiß abgespülten Messer vorsichtig lösen. Die Torte nach Belieben mit frischen Minzeblättern garnieren.

Spekulatius-Traum
mit Schoko und Nuss

Für eine quadratische Springform (24 x 24 cm; alternativ rund, 28 cm Ø)
Ergibt 12 Stücke

Für den Teig:
4 Eier (Gr. L), 125 g Sahne
90 g Xylit
5 g Johannisbrotkernmehl
1 Päckchen Backpulver
80 g helles Mandelmehl (teilentölt)
50 ml Kondensmilch (4 % Fett)
1 gehäufter TL Spekulatiusgewürz
1 Röhrchen Rumaroma
100 g gemahlene Haselnüsse

Für die Creme:
60 g Low-Carb-Schokolade (ersatzweise Schokolade mit 81 % Kakaoanteil)
200 g Sahne, 8 Blatt weiße Gelatine
300 g Doppelrahmfrischkäse
300 g Naturjoghurt (3,5 % Fett)
1 TL Spekulatiusgewürz, 55 g Xylit
70 g gehackte, geröstete Haselnüsse (Fertigprodukt)

Pro Stück ca. 389 kcal, 13 g EW, 31 g F, 6 g KH, 13 g Xylit

1 Den Teig wie im Grundrezept auf Seite 6 beschrieben mit Kondensmilch, Spekulatiusgewürz und Rumaroma zubereiten, zum Schluss die Haselnüsse unterrühren, dann den Eischnee unterheben. Den Teig backen, abkühlen lassen und den Kuchen auf eine Kuchenplatte stürzen.

2 Für die Creme die Schokolade hacken und die Sahne steif schlagen. Die Gelatine in einem kleinen Topf in kaltem Wasser 5 Minuten einweichen. Frischkäse mit Joghurt, Spekulatiusgewürz und Xylit so lange verrühren, bis sich das Xylit aufgelöst hat. Die Gelatine abgießen, dabei so viel Wasser im Topf lassen, dass der Boden leicht mit Wasser bedeckt ist. Dann alles vorsichtig erwärmen und die Gelatine auflösen. 4 EL von der Crememasse mit dem Schneebesen unter die aufgelöste Gelatine rühren. Dann die Gelatinemasse unter die Crememasse rühren.

3 Die geschlagene Sahne vorsichtig unter die Creme rühren, dann die gehackte Schokolade und die Haselnüsse unterziehen. Den gesäuberten Springformrand um den gebackenen Boden stellen. Die Creme darauf verteilen und glatt streichen. Die Torte etwa 4 Stunden in den Kühlschrank stellen.

Tiramisu-Schnitten

mit Amaretto

Bella Italia lässt grüßen

Für eine quadratische Springform (24 x 24 cm)
Ergibt 12 Stücke

Für den Teig:
4 Eier (Gr. L),
125 g Sahne, 90 g Xylit
5 g Johannisbrotkernmehl
1 Päckchen Backpulver
80 g helles Mandelmehl (teilentölt)
2 EL Milch (3,5 % Fett)
1 gehäufter TL löslicher Espresso
15 g Backkakao
70 g blanchierte, gemahlene Mandeln

Zum Tränken:
2 EL fertiger Espresso, 2 EL Amaretto

Für die Creme:
250 g Mascarpone, 250 g trockener Speisequark (20 % Fett; siehe S. 20)
50 g Xylit, 200 g Sahne

Zum Bestäuben:
1 TL Backkakao

Pro Stück ca. 319 kcal, 12 g EW, 24 g F, 5 g KH, 12 g Xylit

1 Den Teig wie im Grundrezept auf Seite 6 beschrieben mit in Milch aufgelöstem Espressopulver und Backkakao zubereiten, zum Schluss die Mandeln unterrühren, dann den Eischnee unterheben. Den Teig backen, abkühlen lassen und den Kuchen auf eine Kuchenplatte stürzen.

2 Zum Tränken den Espresso mit dem Amaretto mischen und den Kuchen mit einem Pinsel damit tränken. (Sollte der Kuchen zu fest geworden sein, davor mit einem Holzspießchen Löcher hineinstechen.)

3 Den gesäuberten Rand der Springform wieder um den Kuchen stellen. Für die Creme Mascarpone, Quark und Xylit verrühren, bis sich das Xylit aufgelöst hat. Die Sahne steif schlagen und unterziehen. Die Creme auf dem Boden glatt streichen und mit einem Zackenspatel oder mit einer Gabel Wellen in die Creme ziehen. Den Kuchen etwa 30 Minuten in den Kühlschrank stellen.

4 Den Springformrand mit einem heiß abgespülten Messer vorsichtig lösen und den Kuchen mit Kakaopulver bestäuben.

Tipps: Für das Rezept ist trockener Quark sehr wichtig, sonst ist die Creme nicht fest genug. Damit die Creme länger fest bleibt, kann man noch 1 Päckchen Sahnefestiger unter die Sahne rühren. Und wer keinen Alkohol verwenden möchte, tränkt den Boden mit 3 EL Espresso und lässt den Amaretto weg.

Weihnachtskuchen

mit Trockenobst und Sultaninen

Für eine quadratische Springform (24 x 24 cm; alternativ rund, 28 cm Ø)
Ergibt 12 Stücke

50 g getrocknetes Mischobst
30 g Sultaninen
100 g Walnusskerne
4 Eier (Gr. L)
125 g Sahne
4 EL Milch (3,5 % Fett)
1 gehäufter TL Lebkuchengewürz
90 g Xylit
5 g Johannisbrotkernmehl
1 Päckchen Backpulver
80 g helles Mandelmehl (teilentölt)
50 g blanchierte, gemahlene Mandeln

Pro Stück ca. 216 kcal, 9 g EW, 15 g F, 7 g KH, 7 g Xylit

1 Das Mischobst in kleine Würfel schneiden, die Sultaninen fein, die Walnüsse grob hacken (60 g Walnüsse kommen in den Teig, die restlichen 40 g werden zum Schluss darübergestreut).

2 Den Backofen auf 175 °C Umluft vorheizen und den Boden der Springform mit Backpapier bespannen. Die Eier trennen und die Eiweiße zu steifem Schnee schlagen. Die Eigelbe, die Sahne, die Milch, das Lebkuchengewürz und das Xylit so lange verrühren, bis sich das Xylit aufgelöst hat. Das Johannisbrotkernmehl und das Backpulver darübersieben und mit dem Mandelmehl kurz unterrühren. Die gemahlenen Mandeln dazugeben und untermischen.

3 Das gewürfelte Mischobst, die Sultaninen und 60 g gehackte Walnüsse kurz unter den Teig ziehen. Dann den Eischnee vorsichtig unterheben. Den Teig in die vorbereitete Springform geben und glatt streichen. Die restlichen gehackten Walnüsse darüberstreuen und leicht andrücken.

4 Den Kuchen im Ofen auf der mittleren Schiene etwa 40 Minuten backen. Nach 15 Minuten den Kuchen mit Alufolie abdecken, damit er nicht zu dunkel wird.

5 Den Kuchen herausnehmen und in der Form abkühlen lassen. Dann den Springformrand lösen und den Kuchen auf ein Kuchengitter stürzen. Den Boden der Backform abnehmen, das Backpapier abziehen und den Kuchen auf eine Kuchenplatte stürzen. Den Kuchen nach Belieben mit dem Schokoguss von Seite 96 verzieren.

Joghurt-Sahne-Torte
mit Zitrone

Für eine runde Springform (26 cm Ø)
Ergibt 12 Stücke

Für den Boden:
4 Eier (Gr. L)
125 g Sahne
90 g Xylit
5 g Johannisbrotkernmehl
1 Päckchen Backpulver
80 g helles Mandelmehl (teilentölt)
1 Röhrchen Zitronenaroma

Für die Joghurt-Sahne:
450 g Naturjoghurt (3,5 % Fett)
200 g Schmand
75 g Xylit
1 Päckchen Zitronenabrieb
2 EL Zitronensaft
9 Blatt weiße Gelatine
200 g Sahne

Pro Stück ca. 245 kcal, 9 g EW, 17 g F, 5 g KH, 14 g Xylit

1 Den Teig wie im Grundrezept auf Seite 6 beschrieben mit dem Zitronenaroma zubereiten, backen, abkühlen lassen und den Kuchen auf eine Kuchenplatte stürzen.

2 Für die Joghurt-Sahne den Naturjoghurt, den Schmand, das Xylit, den Zitronenabrieb und den Zitronensaft mit dem Schneebesen so lange verrühren, bis sich das Xylit aufgelöst hat. Die Gelatine 5 Minuten in einem kleinen Topf in kaltem Wasser einweichen. Die Sahne steif schlagen.

3 Die Gelatine abgießen, dabei so viel Wasser im Topf lassen, das der Topfboden ganz leicht bedeckt ist. Dann die Gelatine vorsichtig erwärmen und auflösen. Etwa 4 EL von der Joghurtmasse unter die aufgelöste Gelatine rühren, dann die Gelatinemasse unter die restliche Joghurtmasse rühren.

4 Einen Tortenring um den Boden stellen. Die steif geschlagene Sahne locker unter die Joghurtmasse ziehen. Die Crememasse auf dem Tortenboden glatt streichen und die Torte in den Kühlschrank stellen, bis die Creme fest geworden ist. Vor dem Servieren den Tortenring mit einem heiß abgespülten Messer vorsichtig lösen.

Mal was anderes

Die Kuchen gegen Langeweile

Meistens sind die besten Rezepte diejenigen, die unter der Hand, quasi als „Geheimrezepte“ weitergegeben werden und so ihre Runde machen. Die Kuchen auf den nächsten Seiten gehören zu dieser Kategorie und fallen alle etwas aus dem Rahmen. Entweder was die Zutaten und den Geschmack oder die Optik und die Farbe angeht. Ideal für alle, die gerne mal kleinere Experimente wagen und Lust auf Neues haben.

Erdnusskuchen

mit oder ohne Crunch

Für eine quadratische Springform (24 x 24 cm; alternativ rund, 28 cm Ø)
Ergibt 12 Stücke

85 g geröstete Erdnüsse (ungesalzen)
4 Eier (Gr. L)
125 g Sahne
90 g Xylit
75 g Erdnussbutter (creamy oder crunchy)
5 g Johannisbrotkernmehl
1 Päckchen Backpulver
80 g helles Mandelmehl (teilentölt)

Pro Stück ca. 191 kcal, 10 g EW, 13 g F, 3 g KH, 7 g Xylit

1 Von den Erdnüssen 50 g grob hacken, die restlichen beiseitestellen. Den Backofen auf 175 °C Umluft vorheizen und den Boden der Springform mit Backpapier bespannen. Die Eier trennen und die Eiweiße zu steifem Schnee schlagen.

2 Die Eigelbe, die Sahne, das Xylit und die Erdnussbutter so lange verrühren, bis sich das Xylit aufgelöst hat. Das Johannisbrotkernmehl und das Backpulver darübersieben und mit dem Mandelmehl unterrühren.

3 Die gehackten Erdnüsse und den Eischnee vorsichtig unterheben, den Teig in die vorbereitete Springform geben und etwas glatt streichen. Zum Schluss die restlichen ganzen Erdnüsse darüberstreuen und etwas eindrücken. Den Kuchen im Ofen auf der mittleren Schiene etwa 45 Minuten. Nach etwa 15 Minuten den Kuchen mit Alufolie abdecken, damit er nicht zu dunkel wird.

4 Den Kuchen herausnehmen und in der Form abkühlen lassen. Den Springformrand lösen und den Kuchen auf ein Kuchengitter stürzen. Den Backformboden abnehmen, das Backpapier abziehen und den Kuchen auf eine Kuchenplatte stürzen. Den Kuchen nach Belieben mit dem Erdnussguss von Seite 96 verfeinern.

Info: Beim Kauf der Erdnussbutter sollte immer auf die Kohlenhydratmenge geachtet werden, denn hier gibt es je nach Hersteller sehr große Unterschiede. Im Rezept wurde eine Erdnussbutter mit einem Kohlenhydratanteil von 9,3 g pro 100 g verwendet.

Fantasy Cake
oder „Regenbogenkuchen“

Farben-
frohe
Backkunst

Für eine runde Springform (26 cm Ø)
Ergibt 12 Stücke

4 Eier (Gr. L)
125 g Sahne
50 ml Kondensmilch (4 % Fett)
1 Msp. abgeriebene Bio-Zitronenschale
1 Röhrchen Zitronenaroma
90 g Xylit
5 g Johannisbrotkernmehl
1 Päckchen Backpulver
80 g helles Mandelmehl (teilentölt)
100 g blanchierte, gemahlene Mandeln
4 verschiedene flüssige Lebensmittelfarben (gelb, rot, grün, blau)

Pro Stück ca. 174 kcal, 9 g EW, 11 g F, 5 g KH, 7 g Xylit

1 Den Backofen auf 175 °C Umluft vorheizen und den Boden der Springform mit Backpapier bespannen. Die Eier trennen und die Eiweiße zu steifem Schnee schlagen.

2 Die Eigelbe, die Sahne, die Kondensmilch, die Zitronenschale, das Zitronenaroma und das Xylit so lange verrühren, bis sich das Xylit aufgelöst hat. Das Johannisbrotkernmehl und das Backpulver darübersieben und mit dem Mandelmehl kurz unterrühren. Die gemahlenen Mandeln dazugeben und untermischen.

3 Den Teig gleichmäßig auf vier Schüsseln verteilen und unter jede Teigportion so viel Lebensmittelfarbe unterrühren, bis die Teige die gewünschte Farbe haben. Den Eischnee gleichmäßig auf die bunten Teige verteilen und vorsichtig unterheben. Die Teige abwechselnd (löffelweise) nebeneinander in die vorbereitete Springform geben, sodass ein bunter Kuchen entsteht. Zum Schluss die Kuchenform etwas rütteln, damit sich die Teige gleichmäßig bis an den Rand der Form verteilen.

4 Den Kuchen im Ofen auf der mittleren Schiene etwa 40 Minuten backen. Nach 15 Minuten den Kuchen mit Alufolie abdecken, damit er nicht zu dunkel wird.

5 Den Kuchen herausnehmen und in der Form abkühlen lassen. Den Springformrand lösen und den Kuchen auf ein Kuchengitter stürzen. Den Backformboden abnehmen, das Backpapier abziehen und den Kuchen auf eine Kuchenplatte stürzen. Den Kuchen nach Belieben mit Sahnetupfen und Low-Carb-Gummibärchen garnieren. Alternativ ganz schlicht mit Xylit-Puderzucker bestäuben.

Jamaika-Rum-Kuchen

mit exotischen Früchten

Für eine runde Springform (26 cm Ø)
Ergibt 12 Stücke

175 g exotische Obstmischung (tiefgekühlt; ungezuckert)
4 Eier (Gr. L)
125 g Sahne
1 Röhrchen Rumaroma
90 g Xylit
5 g Johannisbrotkernmehl
1 Päckchen Backpulver
80 g helles Mandelmehl (teilentölt)
50 g Kokosraspel
35 g Mandelblättchen

Pro Stück ca. 162 kcal, 8 g EW, 10 g F, 4 g KH, 7 g Xylit

1 Die Obstmischung in einem Sieb auftauen lassen und anschließend in kleine Stücke schneiden. Den Backofen auf 175 °C Umluft vorheizen und den Boden der Springform mit Backpapier bespannen. Die Eier trennen und die Eiweiße zu steifem Schnee schlagen.

2 Die Eigelbe, die Sahne, das Rumaroma und das Xylit so lange verrühren, bis sich das Xylit aufgelöst hat. Das Johannisbrotkernmehl und das Backpulver darübersieben und mit dem Mandelmehl kurz unterrühren. Dann die Kokosraspel untermischen.

3 Den Eischnee mit dem klein geschnittenen Obst vorsichtig unterheben, den Teig in die vorbereitete Springform geben und glatt streichen. Die Mandelblättchen darüberstreuen.

4 Den Kuchen im Ofen auf der mittleren Schiene etwa 45 Minuten backen. Nach etwa 15 Minuten den Kuchen mit Alufolie abdecken, damit er nicht zu dunkel wird.

5 Den Kuchen herausnehmen und in der Form abkühlen lassen. Den Springformrand lösen und den Kuchen auf ein Kuchengitter stürzen. Den Backformboden abnehmen, das Backpapier abziehen und den Kuchen auf eine Kuchenplatte stürzen.

Piña colada aus der Kuchenform

Ananas-Traum

mit Kokosraspeln

1 Die Ananasstücke in einem Sieb gut abtropfen lassen. Den Backofen auf 175 °C Umluft vorheizen und den Boden der Springform mit Backpapier bespannen. Die Eier trennen und die Eiweiße zu steifem Schnee schlagen.

2 Die Eigelbe, die Sahne, die Buttermilch, das Rumaroma und das Xylit so lange verrühren, bis sich das Xylit aufgelöst hat. Das Johannisbrotkernmehl und das Backpulver darübersieben und mit dem Mandelmehl und Kokosmehl unterrühren. Dann die gehackten Mandeln und die Kokosraspel untermischen.

3 Den Eischnee vorsichtig unterheben, den Teig in die vorbereitete Springform geben und glatt streichen. Die Ananasstücke darüber verteilen, etwas eindrücken und die Mandelblättchen gleichmäßig darüberstreuen. Den Kuchen im Ofen auf der mittleren Schiene etwa 50 Minuten backen. Nach 15 Minuten den Kuchen mit Alufolie abdecken, damit er nicht zu dunkel wird.

4 Den Kuchen herausnehmen und in der Form abkühlen lassen. Den Springformrand lösen, einen Bogen Backpapier direkt auf den Kuchen legen und auf ein Kuchengitter stürzen. Den Backformboden abnehmen, das Backpapier abziehen und den Kuchen auf eine Kuchenplatte stürzen.

Für eine runde Springform (26 cm Ø)
Ergibt 12 Stücke

175 g Ananasstücke (aus der Dose; ungezuckert)
4 Eier (Gr. L)
125 g Sahne
50 g Buttermilch
1 Röhrchen Rumaroma
90 g Xylit
5 g Johannisbrotkernmehl
1 Päckchen Backpulver
80 g helles Mandelmehl (teilentölt)
10 g Kokosmehl (teilentölt)
40 g blanchierte, gehackte Mandeln
75 g Kokosraspel
35 g Mandelblättchen

Pro Stück ca. 201 kcal, 9 g EW, 14 g F, 5 g KH, 7 g Xylit

Ganz raffinierte Kombi

Kürbis-Käsekuchen
mit Mandeln

1 Den Kürbis waschen (er muss nicht geschält werden) und auf der Küchenreibe grob raspeln. Den Backofen auf 175 °C Umluft vorheizen und den Boden der Springform mit Backpapier bespannen. Die Eier trennen und die Eiweiße zu steifem Schnee schlagen.

2 Die Eigelbe, die Sahne, das Zitronenaroma und das Xylit so lange verrühren, bis sich das Xylit aufgelöst hat. Den körnigen Frischkäse dazugeben und kurz unterrühren. Das Johannisbrotkernmehl und das Backpulver darübersieben und mit dem Mandelmehl kurz unterrühren. Dann die gemahlenen Mandeln untermischen.

3 Den geraspelten Kürbis mit dem Eischnee vorsichtig unterheben, den Teig in die vorbereitete Springform geben und glatt streichen. Den Kuchen im Ofen auf der mittleren Schiene etwa 50 Minuten backen. Nach 15 Minuten den Kuchen mit Alufolie abdecken, damit er nicht zu dunkel wird.

4 Den Kuchen herausnehmen und in der Form abkühlen lassen. Den Springformrand lösen und den Kuchen auf ein Kuchengitter stürzen. Den Backformboden abnehmen, das Backpapier abziehen und den Kuchen auf eine Kuchenplatte stürzen.

Für eine quadratische Springform (24 x 24 cm; alternativ rund, 28 cm Ø)
Ergibt 12 Stücke

75 g Hokkaidokürbis (küchenfertig gewogen)
4 Eier (Gr. L)
125 g Sahne
1 Röhrchen Zitronenaroma
90 g Xylit
100 g körniger Frischkäse
5 g Johannisbrotkernmehl
1 Päckchen Backpulver
80 g helles Mandelmehl (teilentölt)
100 g blanchierte, gemahlene Mandeln

Pro Stück ca. 171 kcal, 9 g EW, 11 g F, 3 g KH, 7 g Xylit

Mohnschnitten
mit Rumaroma

Stück für Stück ein Hochgenuss

Für eine quadratische Springform (24 x 24 cm)
Für 12 Stücke

Für die Mohnmasse:
100 g gemahlener Mohn (Dampfmohn)
40 g Xylit
100 ml heiße Milch (3,5 % Fett)
5 g Johannisbrotkernmehl
1 Ei (Gr. L)

Für den Teig:
4 Eier (Gr. L)
125 g Sahne
50 ml Milch (3,5 % Fett)
1 Röhrchen Rumaroma
90 g Xylit
5 g Johannisbrotkernmehl
1 Päckchen Backpulver
80 g helles Mandelmehl (teilentölt)
100 g blanchierte, gemahlene Mandeln

Pro Stück ca. 225 kcal, 12 g EW, 15 g F, 4 g KH, 11 g Xylit

1 Den Backofen auf 175 °C Umluft vorheizen und den Boden der Springform mit Backpapier bespannen. Für die Mohnmasse den gemahlenen Mohn mit dem Xylit mischen, die heiße Milch darübergießen und etwa 10 Minuten quellen lassen. Das Johannisbrotkernmehl darübersieben und untermischen, dann das Ei unterrühren.

2 Für den Teig die Eier trennen und die Eiweiße zu steifem Schnee schlagen. Die Eigelbe, die Sahne, die Milch, das Rumaroma und das Xylit so lange verrühren, bis sich das Xylit aufgelöst hat. Das Johannisbrotkernmehl und das Backpulver darübersieben und mit dem Mandelmehl kurz unterrühren. Die gemahlenen Mandeln dazugeben und kurz untermischen.

3 Den Eischnee vorsichtig unterheben, den Teig in die vorbereitete Springform geben und glatt streichen. Die Mohnmasse esslöffelweise darauf verteilen und mit einer Gabel leicht unterziehen. Den Kuchen im Ofen auf der mittleren Schiene etwa 55 Minuten backen. Nach 15 Minuten den Kuchen mit Alufolie abdecken, damit er nicht zu dunkel wird.

4 Den Kuchen herausnehmen und in der Form abkühlen lassen. Den Springformrand lösen und den Kuchen auf ein Kuchengitter stürzen. Den Backformboden abnehmen, das Backpapier abziehen und den Kuchen auf eine Kuchenplatte stürzen.

Tipp: Der Kuchen schmeckt auch sehr gut mit der Zitronenglasur von Seite 97. Dafür die Oberfläche mit dem Guss bestreichen oder beträufeln und fest werden lassen.

Rotweinkuchen

mit Mandeln, Nüssen und Rosinen

Für eine runde Springform (26 cm Ø)
Ergibt 12 Stücke

50 g Rosinen
75 ml Rotwein
4 Eier (Gr. L)
125 g Sahne
90 g Xylit
5 g Johannisbrotkernmehl
1 Päckchen Backpulver
80 g helles Mandelmehl (teilentölt)
75 g gemahlene Mandeln
75 g gemahlene Walnüsse
30 g blanchierte, gehackte Mandeln

Pro Stück ca. 225 kcal, 10 g EW, 15 g F, 6 g KH, 7 g Xylit

1 Die Rosinen 24 Stunden im Rotwein einweichen. Die Flüssigkeit anschließend nicht weggießen.

2 Den Backofen auf 175 °C Umluft vorheizen und den Boden der Springform mit Backpapier bespannen. Die Eier trennen und die Eiweiße zu steifem Schnee schlagen.

3 Die Eigelbe, die Sahne und das Xylit so lange verrühren, bis sich das Xylit aufgelöst hat. Das Johannisbrotkernmehl und das Backpulver darübersieben und mit dem Mandelmehl kurz unterrühren. Die Rosinen samt der Flüssigkeit dazugeben und kurz mit einem Teigschaber unterrühren. Dann die gemahlenen Mandeln und die gemahlenen Walnüsse kurz untermischen.

4 Den Eischnee vorsichtig unterheben, den Teig in die vorbereitete Springform geben und glatt streichen. Die gehackten Mandeln darüberstreuen und den Kuchen im Ofen auf der mittleren Schiene etwa 45 Minuten backen. Nach 15 Minuten den Kuchen mit Alufolie abdecken, damit er nicht zu dunkel wird.

5 Den Kuchen herausnehmen und in der Form abkühlen lassen. Den Springformrand lösen und den Kuchen auf ein Kuchengitter stürzen. Den Backformboden abnehmen, das Backpapier abziehen und den Kuchen auf eine Kuchenplatte stürzen.

Antwort auf den Zupfkuchen

Schokokuchen

mit Quarkwolken

1 Den Backofen auf 175 °C Umluft vorheizen und den Boden der Springform mit Backpapier bespannen. Für den Teig die Eier trennen, die Eiweiße zu steifem Schnee schlagen und beiseitestellen. Die Eigelbe, die Sahne, die Milch und das Xylit so lange verrühren, bis sich das Xylit aufgelöst hat. Das Johannisbrotkernmehl, das Backpulver und den Backkakao darübersieben und mit dem Mandelmehl unterrühren.

2 Den Eischnee vorsichtig unterheben, den Teig in die vorbereitete Springform geben und glatt streichen. Den Kuchen im Ofen auf der mittleren Schiene 10 Minuten vorbacken.

3 Für die Quarkwolken Quark, Milch, Ei und Vanillearoma verrühren. Das Xylit dazugeben und so lange weiterrühren, bis sich das Xylit aufgelöst hat. Zum Schluss das Johannisbrotkernmehl darübersieben und unterrühren. Die Quarkmasse mit einem Esslöffel portionsweise auf den vorgebackenen, noch flüssigen Kuchen geben, dabei etwas Platz zwischen den Klecksen lassen, damit die Quarkwolken entstehen. Den Kuchen weitere 10 Minuten backen, dann mit Alufolie abdecken und etwa 45 Minuten fertig backen.

4 Den Kuchen herausnehmen und in der Form abkühlen lassen. Den Springformrand lösen und den Kuchen mit dem Springformboden auf ein Kuchengitter stürzen. Den Backformboden abnehmen, das Backpapier abziehen und den Kuchen auf eine Kuchenplatte stürzen.

Info: Für die Quarkwolken nur so viel Milch verwenden, dass eine cremige Masse entsteht.

Für eine runde Springform (26 cm Ø)
Ergibt 12 Stücke

Für den Teig:
4 Eier (Gr. L)
125 g Sahne
3 EL Milch (3,5 % Fett)
90 g Xylit
5 g Johannisbrotkernmehl
1 Päckchen Backpulver
15 g Backkakao
80 g helles Mandelmehl (teilentölt)

Für die Quarkwolken:
500 g trockener Speisequark
(20 % Fett; siehe S. 20)
4 EL Milch (3,5 % Fett)
1 Ei (Gr. L)
einige Tropfen Vanillearoma
40 g Xylit
5 g Johannisbrotkernmehl

Pro Stück ca. 174 kcal, 12 g EW, 9 g F, 4 g KH, 11 g Xylit

Einfach immer gut

Die besten Rezepte für jeden Tag

Tante Juliane oder die gute Freundin haben sich ganz kurzfristig zum Kaffee angekündigt und jetzt soll noch ganz fix ein leckerer Kuchen gebacken werden, der aber trotzdem was hermacht? Alles kein Problem! Hier finden Sie eine gute Handvoll feiner Rezepte für jede Gelegenheit, die Sie ohne großes Brimborium ratzfatz auf den Tisch bringen. Mit Schokolade oder Nuss, Kaffee oder Zitrone sind sie die idealen Begleiter zu einem feinen Cappuccino oder einem Tässchen Tee in netter Runde.

Ein Muss für alle Kaffeetanten

Kaffeekuchen
mit Kaffeestreuseln

Für eine quadratische Springform (24 x 24 cm; alternativ rund, 28 cm Ø)
Ergibt 12 Stücke

Für den Teig:
50 ml Milch (3,5 % Fett)
1 gehäufter EL löslicher Kaffee
4 Eier (Gr. L) + 1 Eiweiß (Gr. L)
125 g Sahne
90 g Xylit
10 g Backkakao
5 g Johannisbrotkernmehl
1 Päckchen Backpulver
80 g helles Mandelmehl (teilentölt)
25 g gemahlene Mandeln
50 g blanchierte, gehackte Mandeln

Für die Streusel:
1 Eigelb (vom Teig übrig)
50 g Xylit
3 EL Milch (3,5 % Fett)
1 gehäufter TL löslicher Kaffee
60 g helles Mandelmehl (teilentölt)

Pro Stück ca. 195 kcal, 12 g EW, 11 g F, 4 g KH, 12 g Xylit

1 Den Backofen auf 175 °C Umluft vorheizen und den Boden der Springform mit Backpapier bespannen. Die Milch für den Teig etwas erwärmen, den Kaffee darin auflösen und beiseitestellen.

2 Die Eier trennen, dabei 1 Eigelb für die Streusel beiseitestellen. Die 5 Eiweiße zu steifem Schnee schlagen. 4 Eigelbe mit der Sahne, dem Xylit, dem Backkakao sowie dem aufgelösten Kaffee so lange verrühren, bis sich das Xylit aufgelöst hat. Das Johannisbrotkernmehl und das Backpulver darübersieben und mit dem Mandelmehl und den gemahlenen Mandeln kurz unterrühren. Die gehackten Mandeln kurz unterziehen. Den Eischnee vorsichtig unterheben, den Teig in die vorbereitete Springform geben und glatt streichen.

3 Für die Streusel das Eigelb mit dem Xylit verrühren. Die Milch lauwarm erwärmen und den Kaffee darin auflösen. Den aufgelösten Kaffee zur Eigelbmasse geben und umrühren. Das Mandelmehl dazugeben und alles rasch vermengen.

4 Diesen Teig mit einem Teelöffel in kleinen Klecksen auf dem Teig in der Springform verteilen. Den Kuchen im Ofen auf der mittleren Schiene etwa 50 Minuten backen. Nach 15 Minuten den Kuchen mit Alufolie abdecken, damit er nicht zu dunkel wird.

5 Den Kuchen herausnehmen und in der Form abkühlen lassen. Den Springformrand lösen und den Kuchen auf ein Kuchengitter stürzen. Den Backformboden abnehmen, das Backpapier abziehen und den Kuchen auf eine Kuchenplatte stürzen. Nach Belieben vor dem Servieren mit Xylit-Puderzucker bestäuben.

Saftig, nussig, köstlich!

Möhrenkuchen
mit Mandeln

Für eine runde Springform (26 cm Ø)
Ergibt 12 Stücke

150 g Möhren
4 Eier (Gr. L)
125 g Sahne
75 g trockener Speisequark (20 % Fett; siehe S. 20)
1 Röhrchen Zitronenaroma
1 Msp. abgeriebene Bio-Zitronenschale
90 g Xylit
5 g Johannisbrotkernmehl
1 Päckchen Backpulver
80 g helles Mandelmehl (teilentölt)
40 g blanchierte, gemahlene Mandeln

Pro Stück ca. 141 kcal, 8 g EW, 8 g F, 3 g KH, 7 g Xylit

1 Die Möhren putzen, schälen und grob raspeln. Den Backofen auf 175 °C Umluft vorheizen und den Boden der Springform mit Backpapier bespannen.

2 Die Eier trennen, die Eiweiße zu steifem Schnee schlagen. Die Eigelbe, die Sahne, den Quark, das Zitronenaroma und die Zitronenschale so lange mit dem Xylit verrühren, bis sich das Xylit aufgelöst hat.

3 Das Johannisbrotkernmehl und das Backpulver darübersieben und mit dem Mandelmehl und den gemahlenen Mandeln kurz unterrühren. Dann die geraspelten Möhren unterziehen. Zum Schluss den Eischnee vorsichtig unterheben, den Teig in die vorbereitete Springform geben und glatt streichen.

4 Den Kuchen im Ofen auf der mittleren Schiene etwa 45 Minuten backen. Nach 15 Minuten den Kuchen mit Alufolie abdecken, damit er nicht zu dunkel wird.

5 Den Kuchen herausnehmen und in der Form abkühlen lassen. Den Springformrand lösen und den Kuchen auf ein Kuchengitter stürzen. Den Backformboden abnehmen, das Backpapier abziehen und den Kuchen auf eine Kuchenplatte stürzen. Nach Belieben mit Xylit-Puderzucker bestäuben.

Tipp: Den Möhrenkuchen kann man nach Belieben auch noch mit dem Zitronenglasur von Seite 97 überziehen.

Das Beste zum Schluss:

Glasur und Guss

> Kein Xylit-Puderzucker im Haus? Kein Problem, dann geben Sie normales Xylit in einen kleinen Mixer und mahlen Sie dieses fein.

Schokoguss

Für 12 Stücke:
90 g dunkle Schokolade (81 % Kakaoanteil)
50 g Sahne · 15 g Xylit

Die Schokolade grob hacken. Die Sahne in einem Topf mit dem Xylit zum Kochen bringen. Vom Herd nehmen und die gehackte Schokolade darin unter Rühren schmelzen. Den Guss sofort auf den gewünschten Kuchen geben und mit einem Pinsel glatt streichen. Nach Belieben mit einem Zackenspatel dekorativ verziehen und den Kuchen etwa 30 Minuten kühl stellen.

Tipp: Der Guss ist etwas bitter. Wer dies nicht mag, tauscht die Bitterschokolade gegen eine Low-Carb-Schokolade aus und braucht dann auch kein Xylit mehr.

Pro Stück ca. 58 kcal, 1 g EW,
5 g F, 1 g KH, 1 g Xylit

Erdnussguss

Für 12 Stücke:
40 g cremige Erdnussbutter · 45 g Xylit-Puderzucker
ca. 5 EL Milch (3,5 % Fett)

Die Erdnussbutter und das Xylit verrühren, dabei so viel Milch dazugeben, dass eine cremige Masse entsteht. Den Guss mit einer Teigkarte gleichmäßig auf dem Kuchen verteilen. Nach Belieben mit einer Gabel ein dekoratives Muster ziehen.

Info: Beim Kauf der Erdnussbutter sollten Sie immer auf die Kohlenhydratmenge achten! Low-Carb-tauglich ist eine Erdnussbutter mit 9 bis 10 g KH je 100 g.

Pro Stück ca. 32 kcal, 1 g EW,
2 g F, 1 g KH, 4 g Xylit

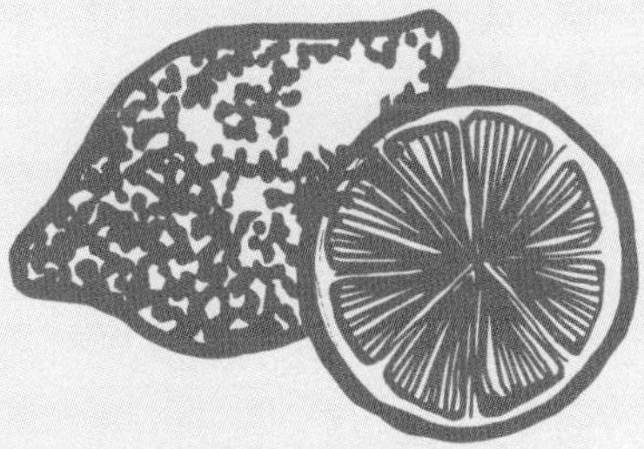

Nuss-Nougat-Guss

Für 12 Stücke:
40 g Xylit-Puderzucker · 75 g Nuss-Nougat-Creme (siehe unten) · ca. 4 EL Sahne

Den Puderzucker mit der Nuss-Nougat-Creme verrühren. So viel Sahne hinzufügen, dass eine streichfähige Creme entsteht. Die Creme auf den Kuchen geben und mit einer Teigkarte gleichmäßig verstreichen. Nach Belieben mit einem Zackenspatel dekorative Wellen ziehen.

Pro Stück ca. 52 kcal, 1 g EW,
4 g F, 1 g KH, 4 g Xylit

Nuss-Nougat-Creme:
100 g gehackte Mandeln · 50 g gehackte Haselnüsse · 25 g Kokosöl · 50 g Low-Carb-Schokolade 35 g Xylit · 20 g Backkakao

Mandeln und Haselnüsse in einer Pfanne ohne Fett anrösten, vom Herd nehmen und etwas abkühlen lassen. Im Mixer so lange mahlen, bis eine Nusspaste entsteht. Das Kokosöl in der Mikrowelle mit der Schokolade schmelzen und das Xylit unterrühren. Diese Masse zur Nusspaste geben und untermixen. Zum Schluss den Backkakao dazugeben und alles im Mixer zu einer Nuss-Nougat-Creme verrühren. Die Creme ist zu Beginn etwas flüssiger, wird dann fester und streichfähig. Nicht im Kühlschrank aufbewahren!

Zitronenglasur

Für 12 Stücke:
60 g Xylit-Puderzucker · 2–3 EL Zitronensaft

Den Xylit-Puderzucker mit dem Zitronensaft verrühren, auf den Kuchen geben und verstreichen. Den Guss fest werden lassen.

Pro Stück ca. 13 kcal, 0 g EW,
0 g F, 0 g KH, 5 g Xylit

Punschglasur

Für 12 Stücke:
50 g Xylit-Puderzucker · 2 EL Rotwein · 2 EL Rum

Den Xylit-Puderzucker mit dem Rotwein und dem Rum glatt rühren. Auf den gewünschten (kalten) Kuchen geben und verstreichen. Den Guss fest werden lassen. Dieser Guss ist nicht geeignet, wenn Kinder mitessen.

Pro Stück ca. 15 kcal, 0 g EW,
0 g F, 0 g KH, 4 g Xylit

Für einen Eierlikörguss **50 g Xylit-Puderzucker** mit **4 EL Eierlikör** glatt rühren. Den Guss auf den Kuchen geben und glatt streichen. Nun den Kuchen stehen lassen, bis der Guss fest geworden ist. Statt Eierlikör kann man auch Baileys verwenden.

Zweierlei in Farbe und Geschmack

Kleckselkuchen

mit Mandeln und Kakao

Für eine runde Springform (26 cm Ø)
Ergibt 12 Stücke

4 Eier (Gr. L)
125 g Sahne
5 EL Milch (3,5 % Fett)
Vanillearoma nach Geschmack
90 g Xylit
5 g Johannisbrotkernmehl
1 Päckchen Backpulver
80 g helles Mandelmehl (teilentölt)
40 g blanchierte, gemahlene Mandeln
10 g Backkakao

Pro Stück ca. 136 kcal, 8 g EW, 8 g F, 3 g KH, 7 g Xylit

1 Den Backofen auf 175 °C Umluft vorheizen und den Boden der Springform mit Backpapier bespannen. Die Eier trennen und die Eiweiße zu steifem Schnee schlagen. Die Eigelbe, die Sahne, die Milch, das Vanillearoma und das Xylit so lange verrühren, bis sich das Xylit aufgelöst hat.

2 Das Johannisbrotkernmehl und das Backpulver darübersieben und mit dem Mandelmehl unterrühren. Den Teig halbieren. Unter eine Hälfte die gemahlenen Mandeln mischen, unter die andere Hälfte den Backkakao rühren. Den Eischnee halbieren und unter die beiden Teige heben.

3 Den hellen und den dunklen Teig abwechselnd (löffelweise) in die vorbereitete Springform geben, sodass ein Kleckselmuster entsteht. Zum Schluss die Backform etwas rütteln, damit sich die Teige gleichmäßig in der Form verteilen.

4 Den Kuchen im Ofen auf der mittleren Schiene etwa 40 Minuten backen. Nach 15 Minuten den Kuchen mit Alufolie abdecken, damit er nicht zu dunkel wird.

5 Den Kuchen herausnehmen und in der Form abkühlen lassen. Den Springformrand lösen und den Kuchen auf ein Kuchengitter stürzen. Den Backformboden abnehmen, das Backpapier abziehen und den Kuchen auf eine Kuchenplatte stürzen. Nach Belieben mit Xylit-Puderzucker bestäuben oder den Kuchen mit dem Eierlikörguss (siehe links) oder dem cremigen Schokoguss von Seite 96 überziehen.

Mit der Extraportion Biss

Nusskuchen

mit gehackten Mandeln

1 Den Backofen auf 175°C Umluft vorheizen und den Boden der Springform mit Backpapier bespannen. Die Eier trennen und die Eiweiße zu steifem Schnee schlagen.

2 Die Eigelbe, die Sahne, die Milch, das Xylit und das Vanillearoma so lange verrühren, bis sich das Xylit aufgelöst hat. Das Johannisbrotkernmehl und das Backpulver darübersieben und mit dem Mandelmehl kurz unterrühren. Dann die gehackten Mandeln und die gemahlenen Haselnüsse untermischen.

3 Den Eischnee vorsichtig unterheben, den Teig in die Backform geben und glatt streichen. Den Kuchen im Ofen auf der mittleren Schiene etwa 40 Minuten backen. Den Kuchen nach etwa 15 Minuten mit Alufolie abdecken, damit er nicht zu dunkel wird.

4 Den Kuchen herausnehmen und in der Form abkühlen lassen. Den Springformrand lösen und den Kuchen auf ein Kuchengitter stürzen. Den Backformboden abnehmen, das Backpapier abziehen und den Kuchen auf eine Kuchenplatte stürzen.

Tipp: Mit dem Schokoguss oder dem cremigen Nuss-Nougat-Guss von Seite 96/97 wird daraus ein richtiges Prachtexemplar.

Für eine runde Springform (26 cm Ø)
Ergibt 12 Stücke

Für den Teig:
4 Eier (Gr. L)
125 g Sahne
75 ml Milch (3,5 % Fett)
90 g Xylit
einige Tropfen Vanillearoma
5 g Johannisbrotkernmehl
1 Päckchen Backpulver
80 g helles Mandelmehl (teilentölt)
50 g blanchierte, gehackte Mandeln
100 g gemahlene Haselnüsse

Pro Stück ca. 194 kcal, 9 g EW, 14 g F, 3 g KH, 7 g Xylit

Schokoladenkuchen
mit Schokodrops

Für eine runde Springform (26 cm Ø)
Ergibt 12 Stücke

4 Eier (Gr. L)
125 g Sahne
50 ml Milch (3,5 % Fett)
einige Tropfen Vanillearoma
90 g Xylit
15 g Backkakao
5 g Johannisbrotkernmehl
1 Päckchen Backpulver
80 g helles Mandelmehl (teilentölt)
15 g Kokosmehl (teilentölt)
75 g Low-Carb-Schokodrops

Pro Stück ca. 155 kcal, 8 g EW, 10 g F, 3 g KH, 9 g Xylit

1 Den Backofen auf 175 °C Umluft vorheizen und den Boden der Springform mit Backpapier bespannen. Die Eier trennen und die Eiweiße zu steifem Schnee schlagen.

2 Die Eigelbe, die Sahne, die Milch, das Vanillearoma und das Xylit so lange verrühren, bis sich das Xylit aufgelöst hat. Den Backkakao dazugeben und unterrühren. Das Johannisbrotkernmehl und das Backpulver darübersieben und mit dem Mandel- und dem Kokosmehl kurz unterrühren.

3 Die Low-Carb-Schokodrops mit dem Eischnee vorsichtig unterheben, den Teig in die vorbereitete Springform geben und glatt streichen. Den Kuchen im Ofen auf der mittleren Schiene etwa 45 Minuten backen. Nach 15 Minuten den Kuchen mit Alufolie abdecken, damit er nicht zu dunkel wird.

4 Den Kuchen herausnehmen und in der Form abkühlen lassen. Den Springformrand lösen und den Kuchen auf ein Kuchengitter stürzen. Den Backformboden abnehmen, das Backpapier abziehen und den Kuchen auf eine Kuchenplatte stürzen.

Tipps: Den Kuchen nach Belieben mit Kakaopulver bestäuben. Statt Low-Carb-Schokodrops kann man auch Schokolade mit hohem Kakaoanteil (mind. 81 %) verwenden. Diese dann einfach grob hacken und untermischen.

Schmeckt traumhaft gut …

Walnusskuchen

mit einem Schuss Rum

Für eine quadratische Springform (24 x 24 cm; alternativ rund, 28 cm Ø)
Ergibt 12 Stücke

160 g Walnusskerne
4 Eier (Gr. L)
125 g Sahne
2 EL Rum (ersatzweise Milch)
90 g Xylit
5 g Backkakao
5 g Johannisbrotkernmehl
1 Päckchen Backpulver
80 g helles Mandelmehl (teilentölt)

Pro Stück ca. 211 kcal, 9 g EW, 16 g F, 3 g KH, 7 g Xylit

1 Den Backofen auf 175 °C Umluft vorheizen und den Boden der Springform mit Backpapier bespannen. 100 g Walnüsse mahlen, die restlichen hacken. Die Eier trennen und die Eiweiße zu steifem Schnee schlagen.

2 Die Eigelbe, die Sahne, den Rum und das Xylit so lange verrühren, bis sich das Xylit aufgelöst hat. Den Backkakao darübersieben und kurz unterrühren. Das Johannisbrotkernmehl und das Backpulver darübersieben und mit dem Mandelmehl und den gemahlenen Walnüssen unterrühren.

3 Den Eischnee mit den gehackten Walnüssen vorsichtig unterheben, den Teig in die vorbereitete Springform geben und glatt streichen. Den Kuchen im Ofen auf der mittleren Schiene etwa 40 Minuten backen. Nach 15 Minuten den Kuchen mit Alufolie abdecken, damit er nicht zu dunkel wird.

4 Den Kuchen herausnehmen und in der Form abkühlen lassen. Den Springformrand lösen und den Kuchen auf ein Kuchengitter stürzen. Den Backformboden abnehmen, das Backpapier abziehen und den Kuchen auf eine Kuchenplatte stürzen.

Tipp: Zum Veredeln des Kuchens eignet sich der cremige Schokoguss von Seite 96.

Zitronenkuchen

ganz easy

Diese Zitrusfrische belebt

1 Den Backofen auf 175 °C Umluft vorheizen und den Boden der Springform mit Backpapier bespannen. Die Eier trennen und die Eiweiße zu steifem Schnee schlagen.

2 Die Eigelbe, die Sahne, das Xylit, den Zitronensaft, den Zitronenabrieb und die Milch so lange verrühren, bis sich das Xylit aufgelöst hat. Das Johannisbrotkernmehl und das Backpulver darübersieben und mit dem Mandelmehl und dem Kokosmehl kurz unterrühren.

3 Den Eischnee vorsichtig unterheben, den Teig in die vorbereitete Springform geben und glatt streichen. Den Kuchen im Ofen auf der mittleren Schiene etwa 35 Minuten backen. Nach 15 Minuten den Kuchen mit Alufolie abdecken, damit er nicht zu dunkel wird.

4 Den Kuchen herausnehmen und in der Form abkühlen lassen. Den Springformrand lösen und den Kuchen auf ein Kuchengitter stürzen. Den Backformboden abnehmen, das Backpapier abziehen und den Kuchen auf eine Kuchenplatte stürzen.

Tipps: Die Zitronenglasur von Seite 97 gibt diesem Kuchen noch das gewisse Etwas. Wenn Sie den Kuchen in der quadratischen Springform (24 x 24 cm) backen, können Sie hübsche Zitronenkuchenschnitten oder -dreiecke servieren.

Für eine runde Springform (26 cm Ø)
Ergibt 12 Stücke

4 Eier (Gr. L)
125 g Sahne
90 g Xylit
1 EL Zitronensaft
abgeriebene Bio-Zitronenschale nach Geschmack
2 EL Milch (3,5 % Fett)
5 g Johannisbrotkernmehl
1 Päckchen Backpulver
30 g Kokosmehl (teilentölt)
80 g helles Mandelmehl (teilentölt)

Pro Stück ca. 117 kcal, 7 g EW, 7 g F, 3 g KH, 7 g Xylit

Cake-Pops oder Dessert
aus einem kleinen Kuchen

Manchmal reicht auch ein kleiner Kuchen ... Für eine kleine Springform (18 cm Ø) benötigen Sie 2 Eier (Gr. L), 50 g Sahne, 40 g Xylit, 1 gestr. TL Johannisbrotkernmehl, 1 leicht geh. TL Backpulver und 40 g helles Mandelmehl (teilentölt). Den Teig wie auf Seite 6 beschrieben zubereiten und 25 Minuten backen, nach 10 Minuten mit Alufolie abdecken. Einfach so essen oder zu leckerem Kuchen am Stiel oder im Glas weiterverarbeiten.

Cake-Pops

Für 16 Stück

1 kleiner Kuchen (siehe Rezept links)
75 g Doppelrahmfrischkäse
75 g Low-Carb-Schokolade (ersatzweise Schokolade mit mind. 81 % Kakaoanteil)
75 g gehackte Mandeln

1 Den Kuchen fein in eine Schüssel krümeln. Den Frischkäse untermischen und aus der Masse 16 Kugeln formen und 30 Minuten kühl stellen.

2 Die Schokolade hacken und in einer Schüssel im heißen Wasserbad schmelzen. Je 1 Cake-Pop-Stiel in die geschmolzene Schokolade tauchen, dann in eine Teigkugel stecken.

3 Die Cake-Pops mit einem Pinsel mit der restlichen flüssigen Schokolade bestreichen und sofort mit den gehackten Mandeln bestreuen.

Pro Stück ca. 106 kcal, 4 g EW,
8 g F, 3 g KH, 3 g Xylit

Dessert im Glas

Für 4 Personen

1 kleiner Kuchen (siehe Rezept links)
6 EL Amaretto*
ca. 175 g Beeren nach Wahl
250 g Speisequark (20 % Fettanteil)
40 g Xylit
100 g Sahne

1 Den Kuchen in Stücke brechen und in dekorative Gläser (für jede Portion ein Glas) verteilen. Etwas Amaretto darüberträufeln.

2 Die Beeren waschen, eventuell etwas kleiner schneiden und über die Kuchenstückchen streuen.

3 Den Quark mit dem Xylit glatt rühren. Die Sahne steif schlagen und unter die Quarkmasse ziehen. Die Creme in einen Spritzbeutel mit Sterntülle füllen und dekorativ über den Beeren verteilen.

Pro Person ca. 362 kcal, 17 g EW,
19 g F, 4 g KH, 7 g Xylit

* Zugegeben, Amaretto ist definitiv nicht Low Carb, aber für dieses leckere Rezept darf man auch mal eine Ausnahme machen …
Natürlich kann man ihn auch einfach weglassen. Wenn Kinder mitessen, unbedingt.

Register

Danksagung

Bei Ihnen, liebe Leserinnen und Leser möchte ich mich zuallererst bedanken, denn nur durch Sie kann ich meinen Traum, Autorin zu sein, ausleben. In großem Dank bin ich auch dem ZS Verlag und der Fotografin Anke Schütz und ihrem Team verbunden – wir haben wunderbar zusammengearbeitet und es sind wirklich zauberhafte Bilder entstanden. Ein ganz liebes Dankeschön an meine Familie, speziell auch an meine Tochter Julia, die mich immer und mit Begeisterung unterstützte und aufbaute.

Kaiserstraße 14 b
D-80801 München

ISBN 978-3-89883-821-4
1. Auflage 2018

Projektleitung: Martina Solter, Kathrin Ullerich
Lektorat: Regina Rautenberg
Grafische Gestaltung und Satz: Julia Arzberger
Fotografie: Anke Schütz
Herstellung: Frank Jansen
Producing: Jan Russok
Druck & Bindung: Lanarepro, I-Lana

Im Buch enthaltene Fotos können zur eigenen Nutzung erworben werden
unter www.stockfood.com

Die ZS Verlag GmbH ist ein Unternehmen der Edel AG, Hamburg.
www.zsverlag.de | www.facebook.com/zsverlag